|论衡|

从黄山白岳到东亚海域

明清江南文化与域外世界

王振忠 —————— 著

上海人民出版社

许承尧的名片

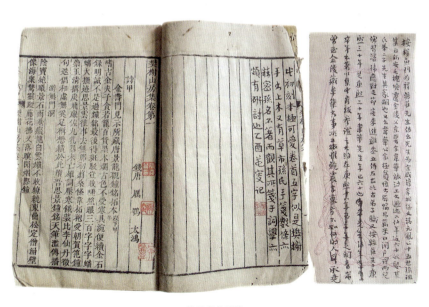

许承尧的手迹

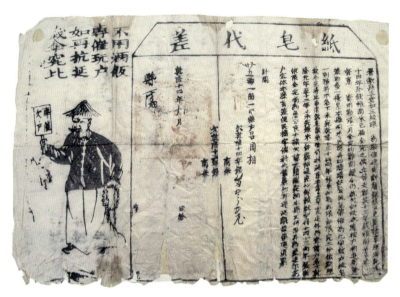

催征钱粮的"纸皂代差"文书（徽州税文化博物馆藏）

清代的衙门断案

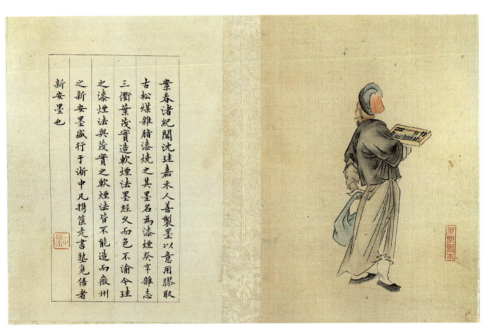

棠春渚紀聞沈珪嘉禾人善製墨以意用膠取
古松煤雜腦麝漆燒之其墨名為漆煙癸亥雜志
三衢葉茂實造軟煙法墨經久而色不渝今珪
之漆煙法與茂實之軟煙法皆不能造而徽州
之新安墨盛行于浙中凡攜篋走書塾覓僱者
新安墨也

《太平欢乐图》中的徽州墨商

唐人船揚げ之圖

媽祖揚げ

唐船渡〻入〻後媽祖揚げと云〻て
やり船〻たる媽祖棚より媽祖の
神を祭〻る所に〻該〻す天妃の
像を安置し海難ふせぎひとつの
祈〻り澤中着て船中の唐人安く
館内〻移り神像〻安く
使〻やう船中の唐人天燈籠
閭の如〻く香〻して其次に
左右に持並〻ひ〻水銅庫
持〻次直庫〻〻〻〻〻其次に
老媽の像を臺〻に安置〻
是〻〻體〻し〻〻黄〻〻〻〻
資濱の唐人兩三人〻通〻可使目
附沿途〻中十字街〻安〻〻
うとん坂〻らして〻時直庫

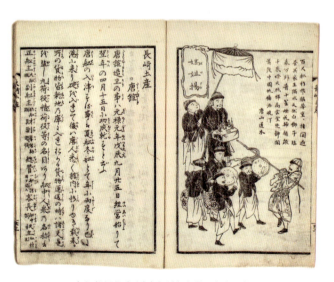

長崎土産

唐館

唐館造立の事〻元禄元年戊辰九月五日〻〻官〻て
翌年の四月十五日〻功成就〻〻〻
唐船の入津〻〻〻毎船來〻船〻〻〻
湊に入り〻〻〻〻〻〻唐人〻〻
所〻貨物〻〻〻新地の庫〻〻〻〻〻貨物運送〻時〻謝末
代銀〻〻九〻荷役人〻〻〻〻〻〻財副〻〻〻〻總首
正船主〻〻〻〻〻副船主〻〻〻〻〻〻〻〻客長〻〻〻王

媽祖揚げ

百人敲〻〻〻〻〻〻〻〻〻〻携閭遶
〻〻媽祖隔水天妃白〻〻于〻
〻〻〻青十至地〻〻〻
〻〻〻〻〻〻〻〻宴安〻静闇
菩後十中國〻〻湄洲城汀
唐山道本
天后

送迎妈祖仪式（《长崎土产》）

祭祀妈祖仪式（《唐船兰船长崎入船便览》）

长崎的唐乐拍子

长崎唐馆图

长崎的诹访神事

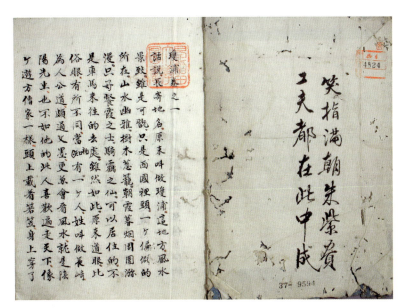

《琼浦佳话》（日本早稻田大学图书馆藏）

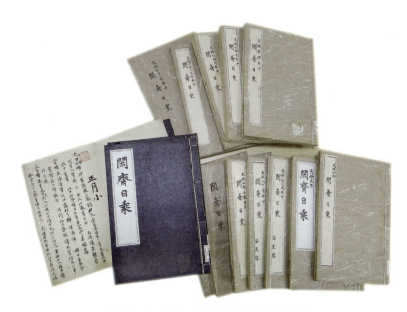

《向井闲斋日乘》（日本长崎历史文化博物馆藏）

长崎唐馆内的交易（【日】大庭修：《长崎唐馆图集成》）

自 序

自 1996 年起，我先后出版过《斜晖脉脉水悠悠》《日出而作》和《山里山外》三部随笔文集。其中的第二部，主要文章源自 1998 年以后在《读书》月刊上开设的"日出而作"专栏，再加上同时期发表于《万象》《寻根》等杂志上的学术随笔。

此次结集的小书，取名为"从黄山白岳到东亚海域"。诚如副标题所示，其内容大致分为两个部分：一是有关明清时代江南社会的文化现象，二是对域外世界的状摹与追寻。

"黄山白岳"是指皖南的徽州，这是我最近三十多年长期关注的区域之一。在这部小书中，我首先勾勒出晚明人文地理书写的复兴轨迹，并聚焦于皖浙边缘山区的社会建构，追寻历史劫难之流传，发掘年湮代远的相关记忆，聆听黄山钟鸣的世纪回响，关注波流披靡之中的苦乐异景，剖析"徽州朝奉"在江南诸多传奇之递嬗演化，感叹晚近庚子洪灾中的风雨沧桑……

在明清时代，无数徽人志欲经商，远谋财利，他们自新安江东下，风帆快利，几经辗转进入长江三角洲。从那里开始，逐渐汇入浩瀚的东海，驰骋于东亚世界。而三十多年来我个人的学术研究，也是以"徽学"为起点，逐渐延伸至域外文献与东亚海域史的研究。

1997年，作为复旦大学派遣的校际交流学者，我首度赴日本访问。刚到日本后不久，所在大学就组织前往冲绳观光，那是令人终生难忘的一次旅行——昔日琉球国的风俗民情，以及与福建沿海的密切关系，让我产生了浓厚的兴趣。在日本的将近一年间，除了冲绳之外，我还曾孤身一人前往山水佳胜的长崎旅行，独自漫步于崎阳的街衢巷陌。其时，虽然身处异国他乡，却时时生发出似曾相识之感。与冲绳类似，作为日本江户时代的"锁国之窗"，长崎在不少方面也与中国情深一脉，念切同源，尤其是与福建沿海有着千丝万缕的联系与交流。"海水连琼浦，遥瞻日出乡"，本书中的《长天远水琼浦月》等文，皆立足于中国史研究的学术本位，从远处眺望历史上中日之间的频繁交往。

收入本书中有关东亚海域史的小文，实际上大多与此前出版的《袖中东海一编开：域外文献与清代社会史研究论稿》有关。在那部书中，我整理了庋藏于日本的唐通事文献三种，也重点探讨过琉球官话课本，这是以往国内历史学者甚少涉及的领域。在此基础上，2016年5月，我应邀赴日本参加"国际东方学者会议"，其间提交的论文，对琉球官话课本又做了进一步的新探讨。本书中的《琉球馆》一文，就与自己历年来对此一"海上津梁"之关注密切相关。除此之外，我较早利用了2001年出版的《燕行录全集》，并曾在美国哈佛大学燕京图书馆系统收集过馆藏的朝鲜文献抄本，利用这些新史料，除了撰写学术论文之外，也还写过一些相关的随笔。这些随笔，皆基于个人较长时期的研究积累，藉以眺望岁远年深的过往历史，遥瞻汪洋浩博的东亚海域……

在我看来，历史上的繁华废兴若山情水态，遥望千山竞秀，静听百鸟争鸣。吾辈远引旁搜，质疑求是，既需近观细思，又要遥瞻远眺。既要在更为广阔的视野中瞻顾中外，还应当溯流寻源，聚焦于水云深处的黄山白岳，较近距离地细致考察江南的那一域旷野沃壤。

时疫当前，流光易转，斯为自序。

庚子溽暑于沪上新江湾

目 录

松窗长昼忆平生

（一）

2014 年 5 月，复旦大学博物馆曾展出一批明人书画，其一为松石图，画面上，枯松一株傲然挺立，左旁题句曰："清标不受秦皇诏，劲节应嗤沈约腰。"此画作于"万历年新夏"，具体年份不详，但其言志咏怀，显然意在彰显松树之清标劲节。

1593 年（万历二十一年），画作者张瀚写道：

> 余自罢归，屏绝俗尘，独处小楼。槛外一松，移自天目，虬干纵横，翠羽茂密，郁郁苍苍，四时不改，有承露沐雨之姿，凌霜傲雪之节。日夕坐对，盼睐不离，或静思往昔，即四五年前事，恍惚如梦，忆记纷纭，百感皆为陈迹。谓既往为梦幻，而此时为暂窹矣。自今以后，安知他日之忆今，不犹今日之忆昔乎？梦喜则喜，梦忧则忧，既觉而遇忧喜，亦复忧喜。安知

梦时非觉，觉时非梦乎？……

这段人生感悟冠诸《松窗梦语》一书卷首，读来令人神驰。著者张瀚时年八十三岁，写下此话不久，他就溘然长逝，因此，该段绝笔实可视作对个人一生的感喟。当时，张瀚致仕回乡已十数年，上揭文字是根据退隐蛰居后的周遭环境，回忆平生的经历见闻，夹杂着个人的今昔感悟，笔之于书。所谓梦语，是指现实与梦幻其实都只是相对而言。此类颇具哲学意味的人生思考，显然用的是庄周梦蝶的典故。据此看来，此时的张瀚一定想起个人一生的宦海浮沉……

张瀚生于1510年，为嘉靖十四年（1535年）进士，时年他二十五岁。此后，他历任南京工部主事、庐州知府、潼关兵备副使、大名府知府、陕西左布政使、右副都御史、大理卿、刑部右侍郎、兵部左侍郎、两广督府、南京右都御史、南京工部尚书等职。1573年为张居正提携，出任吏部尚书。四年后，因不赞成张氏"夺情"而致仕家居，时年六十七岁。

在明代，官员在任如遇父母去世，一般情况下皆应弃官，家居守制，称为"丁忧"，待守丧期服满再行补职。而所谓夺情，亦称"夺情起复"，意指为国家而夺去孝亲之情。在这种情况下，当事人可不必去职，以素服办公，只是不参加吉礼而已。"夺情"是忠孝不能两全的权宜之计，但后来也成了一些官员恋栈的藉口。在明代政治史上，张居正之"夺情"极为著名，对此，《松窗梦语》卷1有所记载：

江陵闻丧之越日，传谕令吏部往谕皇上眷留意。江陵亦自为牍咨部云："某日闻讣，请查照行。"盖讽使留己也。

这是说张居正本应丁忧，但他却恋栈不去，想尽各种办法，甚至让吏部出面挽留他。对此，主政吏部的张瀚认为极不妥当，遂假装不明白他的真实意愿，主张——应当让礼部根据历年阁臣丁忧的恩典，从重加以优恤。这当然得罪了张居正，不久，在后者的指使下，便有数人相继对张瀚提出弹劾，让他奉旨退休。得知这个结局，张瀚先是朝北叩头，以示对皇恩浩荡的感激，接着前往张居正那道别——

张瀚道："顷某滥竽重任，幸佐下风，见公闻讣哽咽，涕泗交横，谓公且不能旦夕留，区区之心，诚欲自效于公，以成公志，讵谓相矛盾哉！兹与公别，山林政府，不复通矣。"张瀚的微词婉讽，在在点中张居正之要害。在他笔下，长袖善舞的张氏听罢此言，似乎是愧悔交并，不胜凄惶。而随后拂袖而去的张瀚，则深得时人的叹赏，有人赠言道："去国一身轻似叶，高名千古重如山。"

十多年后，决绝的张瀚对于此番人事沧桑仍耿耿于怀，他显然是以枯松自况，说槛外一松"有承露沐雨之姿，凌霜傲雪之节"，前句是比喻皇恩浩荡，后者则形容自己的为官操守。

对于为官节操，张瀚一向颇为看重。早在他刚中进士不久，就曾前往王廷相的私第拜谒。王廷相是河南仪封人，为人素性端方，言动威仪，历任翰林院庶吉士、兵科给事中，后因得罪权阉刘瑾，被贬到地方任都察院副都御史并巡抚四川，后又升为兵部左、右侍郎，最后升任南京兵部尚书。这位当世名臣曾对张瀚讲过一个意味深长的故事：

> 昨雨后出街衢，一舆人蹑新履，自灰厂历长安街，皆择地而蹈，兢兢恐污其履。转入京城，渐多泥泞，偶一沾濡，更不复顾惜。居身之道亦犹是耳，倘一失足，将无所不至矣。

这个巧妙的比喻是说：雨后的大街上，有位轿夫穿着新鞋上路，从灰厂经长安街，走路都很小心，总是找一块干的地方走，战战兢兢，怕弄脏了鞋子。后来走进内城，地上到处皆是泥泞，一下子踩脏了，此后也就顾不上这双鞋子了。他说，做人的道理也是如此，失足一次，也就无所顾忌，恣意而为了……

此一故事，被张瀚郑重其事地写在《松窗梦语》卷1《宦游纪》的开头，而他对于张居正"夺情"一事的抵制，则书于该卷之卷末。如此编排显然煞费苦心，可见张瀚认为自己当年的做法是正确的，而这与王廷相的教诲则密切相关。

揆势衡情，"夺情"事件对张瀚的影响一直是如影随形。在晚年，他曾追忆某次自杭州北游的经历：

> 渡扬子江，登金山寺，绕佛阁七层，高者临绝顶。……四顾青山，峰峦峭拔，如万笏朝拱。睹江上舟航，往来迅捷，其行如飞。旦暮视日月之出没，大如车轮，光焰万丈，目夺神竦。时江飙乍起，波涛汹涌，雪浪排空，已而风恬日朗，江波澄静，浑如素练。人生显晦升沈【沉】，亦犹是耳！安得砥柱中流，屹然如金、焦者？

涉历几多寒暑，文人的追忆间或亦杂夹着时空的错位。不过，从字面上看，是时，张瀚站在金山寺前俯瞰长江，但见江面帆樯不断，橹桨如织，面对着汹涌而至的波浪触绪萦怀，平生经历中的点点滴滴，一一浮现于脑际……或许，数十年宦海沉浮中最令人感慨的，便是湍流驰激，砥柱为难。

（二）

因"夺情"事件，张瀚被迫致仕家居，但在此前，他少年得志，"泛览群书，尤酷嗜左、国、庄、骚，至寝食俱废，遂烨然成名当世"，二十五岁就中了进士，一生从政长达四十余年，"宦辙所至，几遍海内"。在这部"随笔述事"的著述里，张瀚用了八卷的篇幅分三十三"纪"，对一生的经历见闻作了记述。其中的《宦游纪》《南游纪》《北游纪》《东游纪》《西游纪》和《商贾纪》等，多根据个人的亲身经历写成，颇为翔实可靠。

《宦游纪》主要是讲张瀚为官的经历，不过，个中也涉及各地的民情风俗。例如，他提到：

> 江北地广人稀，农业惰而收获薄，一遇水旱，易于流徙。
> 庐阳地本膏腴，但农情不尽力耳。年丰粒米狼戾，斗米不及三分，人多浪费，家无储蓄。旱则担负子女就食他方，为缓

急无所资也。

"庐阳"亦即庐州府（今安徽合肥一带），其北面就是凤阳府，上述记载实际上与传统时代的"凤阳花鼓""凤阳乞丐"密切相关。对此，张瀚在其后的《商贾纪》中也指出："庐、凤以北，接三楚之旧，苞举淮阳，其民皆呰窳轻诋，多游手游食。"这段话其实源自《史记·货殖列传》："楚越之地，地广人稀，饭稻羹鱼，或火耕而水耨，果隋嬴蛤，不待贾而足，地势饶食，无饥馑之患，以故呰窳偷生，无积聚而多贫。"在司马迁的时代，战国楚地被分作"三楚"，也就是西楚、东楚和南楚，"呰窳"亦即贪懒、不肯力作、委靡不振的意思。及至明代，庐州府、凤阳府一带是大批乞丐诞生的摇篮。据清人赵翼在《陔余丛考》中的记述，江苏各地，每到冬天必有凤阳人来，老幼男妇，成行逐队，散入村落乞食，至翌年春季方才离开。他们唱着"家住庐州并凤阳，凤阳原是个好地方，自从出了朱皇帝，十年倒有九年荒"的"凤阳歌"。本来以为这些人是因为灾荒而外出乞讨，但实际上即使是丰年，他们也照样外出乞食，形成了一种顽固的风俗。

为了防止"凤阳乞丐"的大批产生，张瀚在庐江当地开发水利，采取种种措施对逃荒者加以限制。据说，在他的努力下，庐江一带的

凤阳花鼓

灌溉条件有所改善，抛荒现象逐渐减少。不过，倘若我们从晚明时代庐江、凤阳一带的实际情况来看，这如果不是张瀚的夸大其词，那至少也说明此种状况不会持续太久。庐州和凤阳二府位于江淮之间，黄河全流夺淮入海以后，此处的生态环境进一步恶化。因频遭灾荒，当地民众遂养成一种不事产业、轻出其乡的习气，此种现象源远流长，有其深刻的自然地理背景。

（三）

《松窗梦语》卷 2 的《南游纪》《北游纪》《东游纪》和《西游纪》四篇，皆是游记，记录了他在全国各地的游历。此外，还有《北虏纪》《南夷纪》《东倭纪》和《西番纪》，涉及中国北部、西部和周边等人群的生活习性及其风俗。以《西游纪》为例，篇中驰骛翰墨，远引旁搜，有不少地理方面的描述。如：

> 归州四里之城在高山之上，临大江之涯，居民半居水涯，谓之下河，四月水长，徙居崖上。

归州属湖北荆州府，山水萦回，源流澄澈，此处濒临长江，属三峡地区。上文描述了当地的聚落，人们随着水位之高低而居住于不同的位置。接着，文中还描写四川：

蜀城内外，平地仅四十里许，而四面皆高山，天色常阴翳，如晴明和煦、风朗气清之日绝少。至若白日杲杲、明月辉辉，岁不数日，而月尤罕见，故云"蜀犬吠月"。气候较暖，初春梅花落、柳叶舒、杏花烂，暖如江南暮春时矣。地多二麦，春仲大麦黄，小麦穗，皆早于江南月余。民俗朴陋鄙俚，虽元旦、灯夕，寂然无鼓吹，灯火不异平时。惟妇女簪花满头，稍著鲜丽，丑媸出汲，赤脚泥涂，而头上花不减也。

此段文字笔触细腻，饶有画意。这是杭州人眼中的四川，文中说蜀地有雾的日子很多，节候也较江南要早，风俗比江南更为俭朴，朱门娇媛，穷巷荆钗，其审美方式亦颇不相同。《西游纪》刻画陕西为：

气候寒于东南，惟西风而雨，独长安为然。……地产多黍麦，有稻一种名"线米"，粒长而大，胜于江南诸稻，每岁入贡天储。民俗质鲁少文，而风气刚劲，好斗轻生，自昔然已。

此处尽情摹写，对东南与西北的气候、物产、风俗皆加以比较。其中，还特别写到陕西的三原："三原二城，中间一水，水深土厚，民物丰盛，甲于一省。"在稍后的《商贾纪》中，张瀚还指出："至今西北贾多秦人，然皆聚于沂、雍以东至河、华沃野千里间，而三原为最。"可见，三原一带为陕商重镇，故而颇为富庶。接着，《西游纪》又说：

由澄城、朝邑逾大庆关，关中民居稠密，倍于县邑，盖秦、晋商贾之所市也。

大庆关位于今陕西省大荔县东（亦即原先的蒲津关），是陕西、山西间黄河的重要渡口，而澄城、朝邑皆在陕西境内。这里提到关中一带川原衍沃，街衢绵亘，是山西、陕西商人活动的重要地区。换句话说，作者看到了山陕商人与西北城镇繁荣的关系。同时，张瀚又写到山西蒲州的情况：

渡黄河，即为山西之蒲州，州城甚整，民居极稠，富庶有礼，西北所绝无仅有者。俗尚多靡，中有山阴、襄垣二王，枝派繁衍，朱门邃宇，不下二百家，皆竞为奢华，士夫亦皆高大门庐，习为膏粱绮丽，渐染效法。

张瀚于山川佳处驻足流连，他描述了蒲州的富庶与奢靡，对当地明朝宗室（山阴、襄垣）之活动亦多所状摹。关于蒲州，在随后的《商贾纪》中，他还指出：山西"以太原为省会，而平阳为富饶。……独蒲坂一州富庶尤甚，商贾争趋"。可见，蒲州一带烟户繁盛，市廛辐辏，也是晋商重要的桑梓故里。平阳位于今山西省西南部临汾市一带，靠近陕西，黄河从其西面和南面流过，"平阳富庶甲于秦、晋，以秦、晋财货多出于途"，当地系山西、陕西最为富庶的地区，为秦晋商人商品流通的重要区域。

（四）

《松窗梦语》卷4的《百工纪》，谈的是百工技艺以及与此相关的奢靡风气，其中提到：北京是中国的政治中心，是个典型的消费性城市，全国各地大批的商品都汇聚于此。当时，商品主要的来源地是东南一带，所以从事百工技艺的人群也大多出自东南，其中，以江西、浙江、南直隶、福建、广东一带居多。接着，它又指出北京的奢靡风尚对全国的影响：

> 自古帝王都会易于侈靡，燕自胜国及我朝皆建都焉，沿习既深，渐染成俗，故今侈靡特甚。余尝数游燕中，睹百货充溢，宝藏丰盈，服御鲜华，器用精巧，宫室壮丽，此皆百工所呈能而献技，巨室所罗致而取盈。盖四方之货，不产于燕而毕聚于燕。其物值既贵，故东南之人不远数千里乐于趋赴者，为重糈也。……上有好者，下必甚焉。……今也散敦朴之风，成侈靡之俗，是以百姓就本寡而趋末众，皆百工之为也。

这一段文字是说，北京对于全国的奢靡风习颇有推波助澜之力，直接的后果便是人们纷纷弃本逐末，从而引发严重的社会问题。

除北京之外，另一个对全国奢靡风习起引领作用的是苏州："至于民间风俗，大都江南侈于江北，而江南之侈尤莫过于三吴。自昔吴俗习奢华、乐奇异，人情皆观赴焉。吴制服而华，以为非是弗文也；吴制器而美，以为非是弗珍也。四方重吴服而吴益工于服，四主贵吴器而吴益工于器。"这是从地域观照的角度，提到苏州对于明代社会风俗的重要影响。

从历史地理的角度来看，《松窗梦语》中最值得关注的是卷4《商贾纪》。该卷概括阐述了明代两京十三布政司的经济、文化及习俗，指出全国自然资源、经济地理的布局特点：

> 余尝总览市利，大都东南之利，莫大于罗、绮、绢、纻，而三吴为最。……西北之利，莫大于绒、褐、毡、裘，而关中为最。……夫贾人趋厚利者，不西入川，则南走粤，以珠玑金碧材木之利，或当五，或当十，或至倍蓰无算也。然茶、盐之利尤巨，非巨商贾不能任。……西北在茶，东南在盐。

在这里，作者以"东南""西北"将全国一分为二，分析了当时的经济地理布局，并举例加以说明。他说自己的祖先就是以丝织业致富，而在浙江，不少人皆以贩盐、卖茶发家致富。而在西北，畜牧业则占有重要的地位。除了对总体格局的概括之外，作者还分省对明代两京十三布政使司的风俗作了颇为细致的分析。譬如，关于南直隶：

> 沿大江而下为金陵，乃圣祖开基之地。北跨中原，瓜连数省，五方辐辏，万国灌输。……自金陵而下，控故吴之墟，东引松、常，中为姑苏，其民利鱼稻之饶，极人工之巧。服饰器

具，足以炫人心目，而志于富侈者争趋效之。庐、凤以北接三楚之旧，苞举淮阳，其民皆呰窳轻诋，多游手游食。煮海之贾操巨万资以奔走其间，其利甚钜。自安、太至宣、徽，其民多仰机利。舍本逐末，唱棹转毂，以游帝王之所都，而握其奇赢，休、歙尤夥，故贾人几遍天下。

根据张瀚的描述，南直隶风俗大致可分为三个部分，若以现代行政区划来看，即今江苏省的江南部分，安徽和江苏二省的江北部分，以及安徽省的江南部分。这里也提到苏州引领全国时尚，庐州、凤阳二府多游手游食之人，这些情况已见前述。至于"煮海之贾"，指的则是盐商。在明代，淮扬盐商相当著名，获利亦甚巨。根据差相同时的《广志绎》之记载，"维扬中盐商，其盐厂所积有三代遗下者"。而在淮扬从事盐业的，大多为徽州盐商。在明代，徽州的风俗颇为独特，"徽州多山少田，民逐末利，风俗日偷"。张瀚将以徽州为中心的皖南视作一个风俗区，有着相当的道理。特别是徽州的休宁和歙县，在明代中叶更以商贾众多闻名遐迩，以致官府在制定经济政策时，也注意到了这种风俗。据明人吴子玉的《丁口略》一文指出：因休、歙之人多精于商贾权算，故政府对当地的课税要高于徽州府的其他四个县。对此，虽然"休、歙二县民甚苦之"，一些地方人士也疾声力呼，要求取消此种不平等的重赋，但都没有什么结果。在此背景下，这种政策导向，无疑更刺激了徽州人计觅锱铢，纷纷外出经商。从《太函集》《复初集》和《大鄣山人集》等明人文集来看，南直隶安庆府、池州府、太平府、广德州和宁国府等地，皆是徽商麇聚之区，这些地方，都不同程度上受到徽州风俗的影响。

除了南直隶外，张瀚对浙江风俗的描摹也相当精彩。他将浙江风俗分为三个部分，即杭嘉湖、宁绍温台和严衢金华。犀照之下，可谓无微不察。此种划分，与同时代其他人文地理著作（如《广志绎》）之描摹也大致吻合。

（五）

二十多年前，谭其骧先生曾撰文呼吁应积极开展历史人文地理的研究。他指出，中国人"对人文地理现象的记录和研究，至少可以追溯到成书于两千多年前的《禹贡》，而在司马迁的《史记·货殖列传》和班固的《汉书·地理志》卷末所载的'域分'、'风俗'中，对战国至西汉各地人民的生产、生活情况，农商工矿各业的盛衰和风尚习俗的差别，都有极其生动具体的叙述"。不过，汉以后的正史地理志忽视了人文地理的记述，有关人文地理现象的文献东鳞西爪，这种情况直到明代才有所改观。对此，谭先生特别指出，在明代，丘浚的《大学衍义补》、章潢的《图书编》、谢肇淛的《五杂组》以及王士性的《广志绎》，都是这方面颇为出色的论著。在他的倡议下，上述诸书都受到历史地理学界的重视，有的还出版了专门的研究论著。

从历史地理的角度来看，《松窗梦语》中最为系统、最有价值的是《商贾纪》。在我看来，《商贾纪》无论是谋篇布局还是行文措辞皆是在刻意模仿《史记·货殖列传》。事实上，在明代，《货殖列传》受到不少人的追捧，张瀚并非绝无仅有的一位。从徽州族谱文献来看，有一些徽商是将《货殖列传》当成必读的教科书，从中汲取有益的从商经验。而在徽商的桑梓故里，成书于十七世纪初的万历《歙志》，卷10就是《货殖传》，其开卷提及：

> 太史公传《货殖》，班氏非之，谓其失受命之旨，乃亮之者，则曰太史公得罪，而汉庭诸公卿无有能为端木、子皮其人者，故发愤而为此，以为若皆白圭、乌倮耳，岂可与圣门高弟、霸国英臣等垺哉？其然是或然矣，凡史与志不必有此，而邑中不可无此。因尝反覆《货殖传》，而以当今之世，与邑中之人比之，盖亦有同与不同焉。

在编纂者谢陛看来，为商贾之乡歙县修志，不能没有"货殖"各传。为此，他仔细研读了《货殖列传》，并将歙县的现实与之相对照，从物产、城镇、人地关系、商人构成、社会观念和价值观变化等诸多侧面，详细分析了两者的不同。而在福建，何乔远所著的《名山藏》中也有《货殖记》，他指出："余览传记，得富者数人，仿太史公作《货殖传》而为之……"从"货殖"一词的本义来看，此处的"货殖记"与"商贾纪"同义。

除了篇目之外，在写法上，《史记·货殖列传》较为系统地概述了"山西""山东""江南"和"龙门碣石以北"各区域的经济特点及其相互联系，深刻地指出了形成区域间差异的历史渊源和环境因素。而《商贾纪》也注重区域的划分、区域特征和人地关系等方面的观察与研究，将经济与文化、风俗诸因素综合起来加以考察。另外，从作者的生活年代以及作品的成书年代来看,张瀚(1510—1593)的《松窗梦语》作于 1593 年(万历二十一年),王士性(1546—1598)的《广志绎》自序于万历丁酉,即 1597 年(万历二十五年),而谢肇淛(1567—1624)的《五杂组》则出版于 1616 年(万历四十四年)。个中,无论是作者之生活时代还是著作的成书年代,皆以张瀚的《松窗梦语》为时最早,所以从某种意义上来说,《商贾纪》对人文地理现象的系统描述,标志着《史记·货殖列传》《汉书·地理志》相关传统在明代的全面复兴。

(六)

张瀚出生于工商业者之家,虽然他在《商贾纪》中也引用《周书》的说法:"农不出则乏食,工不出则乏用,商不出则三宝绝。"不过,他的总体思想落后于时代。在张瀚之前,江南一带早已出现"崇奢黜俭"的主张。此类主张认为,"俗奢而逐末者众",奢侈可以提供诸多就业机会,令贩夫走卒易于为生,因此,当政者应"因俗以为治",毋须强力禁奢。在这方面,张瀚的立场颇为保守。在《百工纪》中,他说自己在广东苍梧,某年灯夕,属下的封川县送来一盏纸灯,以竹篾为灯骨,又以花纸作为装饰,看上去似乎并不太值钱,但此类奇技淫巧,"束缚方圆,镂刻文理",需要专精此业的工匠花费数十天的功夫方能制成。灯夕刚过,门隶就想将之毁掉,张瀚痛惜"积月之劳毁于一旦",急忙制止。这让他想起自己家乡的风俗，浙江"灯市绮靡，甲于天下，人情习为固然。当官者不闻禁止，且有悦其侈丽，以炫耳目之观，纵宴游之乐者"。接着，他又发了一通感慨，说倘若贾谊再世，看到这种现象，不知要如何痛哭流涕而长太息：

> 今之世风，上下俱损矣，安得躬行节俭，严禁淫巧，祛侈靡之习，还朴茂之风。以抚循振肃于吴越间，挽回叔季末业之趋，奚仅释余桑榆之忧也！

《松窗梦语》卷7有《时序纪》和《风俗纪》，其中有不少都与张瀚的故乡杭州之风俗相关。在这一卷中，张瀚时常强调，"余遵祖训不敢违"、自己"世能守之"云云，以此凸显作为文人士大夫的守礼循规。在张氏生活的时代，世当承平，俗随世变，"金令司天，钱神卓地"，社会风尚极其奢华。残躯老迈的张瀚，疾声力呼反对其时的奢靡之风，但他生活在商品经济高度发达的十六世纪末期，安享着锦攒花簇轻裘肥马，却穷思极想，希望整个社会重返太祖高皇帝的时代，这岂非荒唐可笑的想法？

（原载于《读书》2015 年第 10 期）

且拥图书称富叟

（一）

　　敦煌文书和徽州文书是二十世纪中国历史文化的两大重要发现。敦煌文书发现于1900年，大约半个世纪以后，徽州文书第一次被大规模发现。前者是指甘肃敦煌所出五至十一世纪的多语种古写本及少量印本，又称敦煌遗书、敦煌写本等。这些原始资料多达五万件以上，目前除了国内之外，英国、法国、俄罗斯和日本等国亦多有收藏。而徽州文书则是指皖南徽州地区历史上遗留下来的文书资料，年代从南宋迄至1949年前后。抗战结束后，著名学者方豪首度在南京购得少量珍稀的徽州文书。而在1956—1958年间，在收藏家郑振铎的影响下，徽州文书在皖南第一次被大规模发现。及至二十世纪八十年代以还，随着中国改革开放的深入，商业史研究受到空前重视，徽州文书遂再度大规模发现，此种新发现迄今仍不绝如缕。据不完全统计，目前已知的徽州文书总数已高达一百万件（册）。这些资料除了海外的少量遗存外，绝大部分保存在中国的公藏机构及私人收藏家手中。而以敦煌文书和徽州文书为史料基础的"敦煌学"和"徽学"相互接续，成为二十世纪新兴的两门学问。

目前所知，唯一与敦煌文书和徽州文书皆有密切关系的人物，大概非许承尧莫属。多年前，笔者在皖南收集到许承尧的一张名片，上书：

三等嘉禾章

甘肃政务厅长

许承尧

际唐皖歙

"嘉禾章"共分数等，北洋政府以之授予那些有勋劳于国家，或有功绩于学问、事业之人，授予等级按接受对象的功勋大小及职位高低酌定。上述文字以毛笔书写于小硬纸片上，最后的"歙"字看上去有点漶漫……一百多年前的名片，历经世事沧桑，尚能留传至今实属不易。

名片的主人许承尧（1874—1946），是清末民国的著名诗人、方志学家、书法家、文物鉴藏家。许承尧字际唐（一字苣公），号霁塘，又号啸仙，斋室名疑庵，为安徽歙县唐模村人。唐模村位于歙县西乡（今属黄山市徽州区），明清以来，此处是江浙一带诸多盐、典巨商的桑梓故里。十数年前，笔者曾在歙县觅得许承尧的《江南乡试硃卷》，其中有对其人先祖之追溯，从中可见，许承尧的"七世祖奇泰，明初输粟佐边赈济，钦赐冠带建坊，旌门尚义，载郡邑志"。此一履历说明，早在明初，许氏祖辈就曾从事开中制度下的粮、盐贸易。所谓开中制度，是指明朝为了对付逃往漠北的蒙古残余，先后在北方边地设置了辽东、宣府、大同、延绥、宁夏、甘肃、

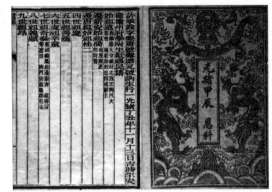

许承尧的光绪甲辰（1904年）恩科进士硃卷（中国徽州文化博物馆藏）

蓟州、固原和山西偏关等"九边"。当时，为了解决沿边驻军之军需供给，政府号召各地商人输粟支边，将粮食运往北方边地。作为报酬，这些商人可以获得相应的盐引，藉以前往淮、浙等地盐场，支取所值引盐，并运往指定区域销售。由此推测，许氏祖先从明初开始可能即从事盐务经营。此外，据许承尧自述："吾许族家谱载，吾祖于正统时，已出居庸关运茶行贾，似出贾风习已久……"居庸关是长城沿线的著名关隘之一，而明代正统时期正值十五世纪中叶。当时，精于商贾权算的许氏祖先，就已远赴居庸关一带从事茶业经营，这可算是皖南较早外出贸易的徽商家族。

（二）

明清以来，类似于唐模许氏这样的富商，在歙县西乡一带相当不少。以清代为例，"歙是富贵乡"，平畴沃野的西乡更是皖南低山丘陵山间盆地中最为繁庶的区域。对此，许承尧在《题黄凤六山人潭渡村图》中写道：

> 吾乡盛文物，远在乾嘉前。
> 望衡富图史，比户闻歌弦。

黄凤六是清康熙时人，而这首诗是许氏为其族人、国画大师黄宾虹（1865—1955）所作。黄宾虹系潭渡村人，潭渡亦属于歙县西乡，其家族在盛清时代曾出过著名的扬州盐商——黄氏"四大元宝"，对于他们的夸奢斗富、豪侈风雅，《扬州画舫录》等诸多笔记中，皆有颇为细致的描述。

关于西乡一带的盐商家族，许承尧在另一篇《题所得乾隆时人汪晴崖听秋图》诗中亦提及：

> 吾乡昔甚富，致之者盐商。
> 席丰孰称最，江程吴鲍汪。
> ⋯⋯
> 彼时文物盛，觞咏闲相羊。

在该诗注中，许氏一一点明："江村江，岑山程，丰溪吴，棠越〔樾〕鲍，大里、稠墅、潜川汪，其最著者，余不备举。"个中提及的诸姓，以贾代耕，起家肥盈，都是明代以来浙、淮一带的盐务巨商，各个家族都出过不少鼎鼎有名的扬州盐商。其中，除了岑山（渡）程氏出自新安江畔的水南乡之外，其他几个家族皆位于歙县西乡。

在这种背景下，歙县西乡一带的风俗极为奢靡。时人有诗曰："人家十户九为商，积累盈余返故乡，捐过功名娶过小，要开风气造华堂。"诗歌状摹的是——西乡一带绝大多数人家都有人在外营商，他们将经商余润源源不断地输回到徽州本土，而其本人则往往通过捐纳获得职衔，娶姬纳妾、建造华堂蔚然成风。上述这首诗出自《歙西竹枝词》，书前有许承尧题识："此竹枝词未知谁作，当时颇传诵。吾幼时亦闻一二首，今老矣，乃得观其全。喜其全用俚语，叙述如画，足资考证处甚多。"抄本全书收诗60首，许承尧断定它出自"乾隆时人手"。由于歙县西乡豪富之家极多，故而当地人不惜重金购置古玩。对此，《歙西竹枝词》又曰：

> 钱多无物足珍贵，不惜千金购鼎彝。
> 汉玉哥瓷投所好，逢人夸说得便宜。

正是在这种情势下，明清时代在徽州各地涌现出不少收藏名家。

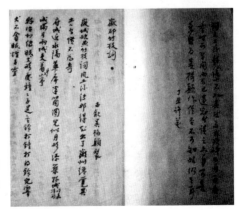

《徽郡竹枝词》抄本上的
许承尧题跋（见歙县芳坑
江氏文书）

早在明末清初，著名古董商人吴其贞（1606—1678？）在《书画记》中就指出：

> 我徽之盛，莫如休、歙二县。而雅、俗之分，在于古玩之有无，故不惜重值，争而收入。时四方货玩者闻风奔至，行商于外者搜寻而归，因此所得甚多。其风始开于汪司马兄弟，行于溪南吴氏，丛睦坊汪氏继之，余乡商山吴氏、休邑朱氏、居安黄氏、榆村程氏所得，皆为海内名器……

吴其贞为徽州休宁人。从明代开始，休宁和歙县两地就是外出务工经商人数最多的县份。文中提及的"汪司马兄弟"，也就是"新安诗派"的领袖人物汪道昆和汪道会，他们也出自歙县西乡。"溪南"亦即歙县西乡的西溪南，又称丰南，当地的吴氏，有不少就是淮扬一带的盐商巨擘，其总资本多达数百万两白银，稳居晚明财富排行榜的最高层级。上述这段文字是说——在晚明的徽州，人们认为古玩收藏是区分雅、俗的重要标准，于是，各地古董商人皆前往徽州兜售古玩，而外出行商者也在全国各地到处收罗。《书画记》一书，详细记录了歙县西乡等处的诸多藏家以及吴其贞经眼的书画古玩。

关于歙县西乡等地的鉴藏之风，国画大师黄宾虹在其《草心楼读画集》中也提及：

> 是时休、歙名族，乃程氏铜鼓斋、鲍氏安素轩、汪氏涵星研斋、程氏寻乐草堂，皆百年巨室，多蓄宋元书籍法帖，名墨佳砚，奇香珍药，与夫尊彝圭璧盆盎之属。每出一物，皆历来赏鉴家所津津称道者。卷册之藏，尤为极盛。诸多先生往来其

间，每至，主人为设寒具，已而列长案，童子取卷册进，佥题玉躞，锦贉绣褫，一触手，古香经日不断，相与展玩叹赏，或更相辩论，断断不休。某以髫龄，随侍长老坐隅，盖往往见之，恨尔时都无所知，百不能一二记忆也……

黄氏历数了休宁和歙县两地数家知名的收藏家，其中的"鲍氏安素轩"，即位于歙县西乡的棠樾，该处与黄宾虹之故里潭渡相距不远。而从末尾数句的描述来看，有一些是黄宾虹个人的所见所闻，从中可见清代中叶以还歙县西乡一带文物鉴藏中的赏心乐事，以及高手过招、"疑义相与析"之场景。

（三）

根据谱牒史料的记载，许氏为歙县大族，许承尧的远祖在宋代自北乡许村迁居歙西唐模。其祖父许恭寿为蒙学塾师，父亲许学诗先是在江西经商，年届不惑之后，改营典业于歙县西乡的堨田村，继而又前往杭州兼营木业。由于许氏家境优裕，许

1927年许承尧题签的《高阳西派唐模许氏荫祠世系表》

承尧从小就耳濡目染，故其人对于古董鉴藏颇为在行。

从后人编订的《许疑庵先生年表》来看，许承尧自幼聪颖好学，十六岁为府庠生，二十一岁中光绪甲午科（1894年）举人。曾师事"江南大儒"汪宗沂，与同学黄宾虹、汪鞠卣等相交莫逆。光绪三十年（1904年）他考中进士，点了翰林，成为庶吉士。不久，许氏告假南归，返歙创办新安中学堂、紫阳师范学堂，成绩斐然，"为皖南诸郡之模范"，曾于光绪三十四年（1908年）受清政府嘉奖。此后，因其秘密组织旨在废除君主、推行新学的"黄社"而遭人告发，遂辞去二校监督之职，回京销假，重入翰林院任编修，兼国史馆协修。辛亥革命后，许承尧应皖督柏文蔚之聘，任全省铁路督办，筹建芜（湖）屯（溪）铁路。不久，柏氏等因讨伐袁世凯失败，许遂随之去职。1913年，许承尧北上入京，受甘肃督军张广建之聘，相偕赴陇任职，先后任甘肃政务厅秘书、军务厅军务咨议、甘凉道尹和甘肃省政务厅长等。1921年，张广建奉命内调，许承尧亦同进退，随张氏返京。因此，我手头上揭的这张名片，应制作于1918—1921年间。

在甘肃期间，许承尧于兰州收得敦煌石窟所出唐人写经数十

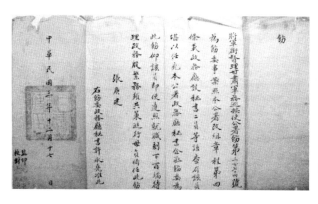

1914年甘肃巡按使委任许承尧为政务厅秘书之委任状（安徽省博物院藏）

从黄山白岳到东亚海域

卷。对此，安徽学者鲍义来先生在《许承尧与敦煌遗书拾掇》一文中曾提及：1916年底，许承尧原拟翌年返歙省亲，遂将所藏唐人写经先行寄回歙县，而邮一明信片相告。当时，徽州与外界的通信联络，除了传统的民信局之外，还有新式的邮政服务。甘肃因僻处西北，鳞鸿乏便，民信局鞭长莫及，故而寄发明信片就成了唯一的选择。从现存许承尧所书明信片之实物来看，其时的"中华民国邮政明信片"是一张卡片，上面印着绿色的字体，正面粘贴邮票，并用毛笔书写收件人姓名、住址，反面即为家信之内容。由于此类明信片外表没有任何包装，所以经手之人皆能一眼读到信中内容。当时，有强盗听闻此事，将"经"误以为"金"，遂于"岁杪竟操刃，缘甍入室抢劫"。幸亏许承尧妻、女的奋力反抗，才得以免遭劫难。

对于许承尧的旧藏，除了鲍氏的介绍之外，敦煌学研究者荣新江教授、郑阿财教授和余欣教授等先后皆有涉及。其中，余欣以"搜奇癖古入肝膈"为题，对许承尧旧藏敦煌文献，作了相当细致的调查与研究。根据他的描述，许氏旧藏敦煌文献来自三个不同的来源，即从市肆中购买，孔宪廷等同僚之赠予，以及1917年廷栋案的意外收获。在许氏旧藏中，最为世人所知的当推《二娘子家书》。《二娘子家书》现藏安徽省博物院，信是从敦煌经卷背面剔出，"千年遗此纸，珍异抵嬗嬛"。关于该卷的年代，早先多以为是唐咸通七年（866年）或天宝元年（742年）时物，现经学者考证，一般认为应是宋太平兴国五年（980年）的作品。根据余欣的看法，《二娘子家书》"应是根据书仪改写的实用书状，复被作为书仪抄写者"。

许承尧返归故里后，将得自敦煌之唐人写经中选出书法较佳及具有年份的精品四十件，庋藏于所居大厅楼上，榜曰"晋魏隋唐

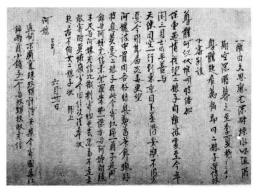

敦煌文书《二娘子家书》

四十卷写经楼"。根据许承尧之孙许克定所撰《"檀干书藏"部分藏
品的回忆》一文提及,"这些经卷经整理装裱,裹以黄绫缎套,储入
小形檀匣中,妥慎珍藏。其余的卷数,则分赠友人或与友人交换其
他文物,少数则鬻作晚年旅游京沪资斧"。2019年11月,安徽省博
物院庋藏的许承尧旧藏及其书法作品回归故里,以"疑庵珍穰"为
题,在屯溪的中国徽州文化博物馆公开展出。虽然展品数量有限,
但还是让人看到了包括《二娘子家书》在内的一些真迹。另外,从
安徽省博物院、中国徽州文化博物馆和歙县博物馆所藏的诸多许氏
作品及其题跋藏品来看,许承尧的确深受汉简、魏碑和唐人写经的
影响,其书法古朴苍劲,别具一格。

(四)

许承尧的文书收藏被称为"檀干书藏"。"檀干"亦即檀干园,

在徽州民间俗称为"小西湖"。根据当地的传说，此园始建于清初，相传是拥有三十六爿典当铺的唐模富商许以诚为其母亲所兴建。当年，许氏捆载归来，取尽锱铢娱侍老亲，母亲听说"上有天堂，下有苏杭"，很想赴杭州西湖游览，但因山川阻隔且年老体衰，难以成行。这位大孝子便不惜巨资，在唐模村口挖塘筑坝，建楼盖亭，仿照杭州西湖建造了一个小西湖，四周遍植檀花、紫荆，取《诗经》"坎坎伐檀兮，置之河之干兮"之意，命名为檀干园。

在明清时代，徽州村落的格局通常是"上自源头，下至水口"，"源头——水口"亦称"来龙去脉"，这是堪舆学对于村落空间的专业表述。而此一檀干园，实际上就是唐模村的一个水口。对此，由许承尧题识的《歙西竹枝词》就吟咏道：

新开水口指唐模，水面亭台列画图。

一带沙堤桃间柳，游人尽说小西湖。

上文提及，许承尧认为《歙西竹枝词》的作者是乾隆时人，而此处则描述"小西湖"为唐模的"新开水口"，这与前述的传说故事恰相吻合。另外，同时代的浙江平湖人张云锦（1704—？），在其所撰《新安竹枝词》中亦曰：

乡村尽处构园亭，凿水堆山鸟梦醒。

名胜谁家并称最，唐模路口俨丹青。

诗注曰："村居尽处谓之水口，多栽大树，起亭台，以遮去水。

最大者唐模许氏、路口徐氏，两家相匹。"文中的"路口"亦位于歙县西乡，此处是盛清时代扬州盐务巨擘徐氏的桑梓故里。徐氏与许氏一样，都在家乡建造了精美绝伦的水口，池塘曲绕，溪树含芳。这些商人家族，皆以持筹握算之余闲，得悦目怡情之雅趣。

除了极富特色的水口之外，唐模村中的许氏宗祠和文会馆也相当著名。对此，许承尧主持编纂的民国《歙县志》记载：

> 檀干园在唐模，昔为许氏文会馆，清初建，乾隆间增修，有池亭草木之胜，并宋明清初人法书石刻极精。

所谓文会馆，是传统徽州村落中文人聚会的场所，有的亦成为处理地方事务、调解民事纠纷的乡族权力中心。上文提及的"法书石刻"，与明清以来徽商之豪侈风雅密切相关。在明清时代，徽州的一些巨富商贾纷纷刊刻法书，如歙县西溪南吴廷的余清斋帖，棠樾鲍氏在扬州的安素轩石刻等，都相当著名。与此相类似，作为文会馆的檀干园，其湖中心亦建有镜亭，"墨妙前贤聚"，内壁上镶嵌着十八方宋、元、明、清著名书法家之书法碑刻，一律以青石刻就，篆、隶、楷、草四体兼备，触目琳琅，堪称稀世之宝。据说，檀干园在咸同兵燹期间曾惨遭破坏，水口园亭已渐次荒芜，庭榭萧条。1924年，许承尧由京返歙，从此再未出仕。经过他的苦心擘画，先后补筑了肇淳堂、幽溆亭和鹤皋精舍等，大约恢复了旧观的一半左右。

乡居期间，许承尧还修葺了所居的"眠琴别圃"。从其所撰的《眠琴别圃花木诗二十四首》来看，此园广约数亩，垣墙四周杂莳梅、柳、桐、竹、桃、桂、棠棣和紫薇等诸色花卉，廊舍回合，极富花木泉石之胜。对此，他的《吾园》诗曾描摹："吾园如室庐，四柳为中堂。危柯上交荫，缨络垂垂长。……灵丰开笑颜，窈窕许睇详。石耳谢亲狎，匿影逃微茫。飞布蜷屋隅，延颈稍可望。……何福足堪此？乐且逾侯王！"诗中的灵丰、石耳和飞布，皆是周遭之名山，亦即歙县境内的灵金山、丰山、石耳山和飞布山。如今遥想当年，水静山光，景皆入画，许承尧日夕吟咏其中，细数落花，缓寻芳草，颇为怡然自得……

作为著名的文物鉴藏家，除了敦煌文书之外，许承尧对于乡邦遗墨之收集更是不遗余力。他曾撰有《得明清间乡人遗墨分装之，各系二诗》，这批诗歌共计二十首，分别对吴绮、詹景凤、查士标、许承宣、许承家和毕懋康等人的手迹赋诗题咏，他将这些片楮残笺、案头珍赏装裱成册，题名为"乡间拾零"，前后共汇集了十数册之多，这为他后来从事徽州传统文化研究，奠定了重要的基础。

关于许承尧之收藏，根据歙县文史学者邵宝振的介绍，迄今，当地档案馆仍保存有 1953 年《皖南人民文物馆接收歙县人民政府交来歙县许承尧文物、古书清册》三卷和《歙县人民文物馆接收歙县人民政府交来歙县郑村及许承尧家藏文物、字画清册》手抄本，从中可见，1953 年接收的许家古籍计 14571 册，古玩字画多达 910件。其中的古籍，后来除 2 本抽存歙县外，全部由皖南人民文物馆（即今安徽省博物院）接收。而从目前整理披露的藏品目录（见《徽州文博》2014 年第 2 期）来看，其中的名流遗墨、书苑瑰宝，可谓触目皆是。

（五）

谈到许承尧之文书收藏，不能不提及他与国民党将领唐式遵的交游。

抗日战争全面爆发之后，因周遭的许多地方皆被日军占领，山重水复的徽州，地位陡然提升。1940 年，川军将领唐式遵驻军皖南，其二十三集团军总部即设于歙西唐模，而唐氏本人则借寓于檀干园内。

唐式遵字子晋，堂名重威，为四川省仁寿县人。其人虽系行武出身，但却素以"儒将"自居，颇喜文词翰墨之事。1940 年，唐式遵曾在金华的《浙江青年》上发表《与陈绍禹论民主问题》，这位陈绍禹，亦即大名鼎鼎的中共领导人王明。1941 年，《火炬周刊》发行一周年，唐氏作有《火炬颂》一文，怒斥"么麽的倭寇"，并预言他们"在不久的将来，一定会像毒蛇猛兽一般，销声匿迹"。唐式遵会写草书，曾在九华山祇园寺东山石崖上楷书题写"固我山河"四个大字，时人称之为"峭壁上的杰作"。当时，在屯溪有很多人投其所好，寻找各种机会找他写字，因此，不少人的住宅内都有唐式遵所写的对联、中堂，这在兵荒马乱的年代颇为实用，恃此为护符，其他人（特别是过往官兵）不敢随意对主人家放肆，以免摊上麻烦。

根据当时人的回忆，唐式遵性格豪爽，对于运动颇有兴趣，也喜欢京剧、书画和古董。他曾自斥巨资，创设一票房曰"移风"，又组织一篮球队叫"重威"。这些球员和票友，皆在他所指挥的二十三集团军总部挂名当差，每个月皆有津贴，备受呵护。只是有一条规定，重威篮球队出征只准获胜，不许失败。如果被其他篮球队打败，则会立刻被解散。

与京剧和篮球类似，古玩书画更是他的最爱。在唐式遵的部队中，就有一些人专门负责为其收集和鉴定古董。根据《罗长铭年谱》的记载，1941 年，当时 37 岁的歙县西乡呈坎人罗长铭（1904—1971）就前往唐模，在第二十三集团军总司令部担任秘书，负责为唐式遵鉴定古籍、字画。另外，二十三集团军总司令部还在屯溪后街买下一幢大厅屋，作为该集团军驻屯办事处，由一位川军少校负责，名义上是接待地方与集团军之间接洽公务的相关人员，事实上却成为唐式遵在徽州各地收集文物古玩的货栈。邵家大厅不仅建筑面积较大，而且布局颇为雅致。该宅坐落于观音山脚下，日军飞机轰炸难以俯冲，后门又有当地商会会长开挖的防空洞。不仅居住舒适，而且安全保险，因而也就成了唐式遵从唐模前往屯溪小憩、赏玩文物的别墅。其时，唐式遵时常前往老街的古玩商店游逛。因其外貌温和且不吝挥霍，所以不少商人都乐意捧出珍玩供其选购。

在唐式遵驻扎唐模的那段时间，前清翰林许承尧已年近古稀，再加上他的阅历和眼力，在当时的古董鉴藏圈内极受旁人尊重。唐式遵对于这位才学高迈的斯文宗匠亦颇为敬重，举凡收到文玩古籍，必求许承尧评鉴、题识。

近年来，笔者因主持编纂《徽州民间珍稀文献集成》，获睹民间收藏家手中的一些稀见文献。其中，鲍义来先生提供的 1933 年《许承尧日记》、许氏家刊本《潜德录》和《重威堂所藏书画题记》等，

极为珍贵。其中,《重威堂所藏书画题记》序称:

> 承尧好古书画而弗能鉴别,重威将军则嗜古而兼精鉴者也,
> 频年驻军吾里,经武之暇,偶有所得,辄以相示,并索题记,
> 谆谆敦迫,不敢辞也,敬如其惇,略加疏引,积久遂多,间有
> 咏赋,亦具急就,不足观览。将军不欲为予发其拙,谓当印行,
> 固尼不可得,真所谓惭也!三十一年七月许承尧。

此一序文作于 1942 年,当时抗战进入战略相持阶段,在徽州,
除了偶尔遭受日机轰炸外,并未曾发生过什么重大的战事。因此,
唐式遵在歙西的日子似乎过得相当惬意。其时,唐模一带的歙县西
乡是徽州的文物之乡,明清时代来自全国各地的古玩曾汇聚于此,
积淀于民间。随着晚清、民国时期徽商的日趋没落,不少旧家收藏
纷纷散佚出来,为古玩市场提供了源源不断的商品来源。因此,有
心收集者往往斩获颇丰。当时,许承尧也在徽州各处积极收集乡邦
文献(特别是歙县的旧籍)。2017 年,由安徽美术出版社出版的《许
承尧未刊稿整理研究》中,收录有《王立中寄许承尧函稿》,其中就
提及黟县著名的书商王立中与许承尧之交往。从中可见,许承尧手
中的不少新安秘籍,即来自王立中之搜罗。王立中在《寄许际老》
一信中指出:

> 歙县自卫队前奉唐司令准予撤回。惟据接防部队尚未到达,
> 至今尚有一部分在汤口看守仓库。一月以来,歙处迭出盗匪巨
> 案。二月五日夜间,竟在城根洗劫并刃伤失主。犹恩我公爱屋

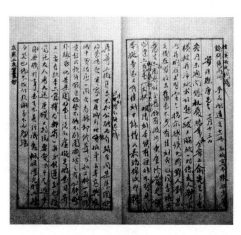

王立中寄许承尧函稿（安徽省博物院藏）

及乌，面商唐司令，将黟县防队刻日准其撤回，以维治安，曷胜祷切之至！

此处的"唐司令"，应即第二十三集团军将领唐式遵。某年正月初三，王立中在另一封写给许承尧的信中又提及：

拟人日后先将第四次书运屯，以免先收一百六十五元之嫌。某公军书旁午，公亦厌此琐碎，以速结为宜，尊意如何？

此处的"某公"，可能也是指唐式遵。当时，唐式遵附庸风雅，对于古玩图书极为上心，由此收集到不少上好的珍品。根据戴笃行所撰《唐式遵屯溪搜刮文物记》的记载，商人胡鲁芹曾在江西会馆上首（今"屯溪老街"牌楼处）开设古董店，1949 年之后他曾透露，自己代唐式遵鉴定过的徽州各县方志、宗谱多达一千余册。抗战胜利后，唐式遵满载荣归故里。离开屯溪时，仅瓷器、砖雕、木雕、古碑等就装了三十多车，另有几十个大木箱的古籍珍本、古玩字画，都是以军需品的名义，在深夜里武装押运出境。唐氏在解放战争时期在四川被击毙，他的诸多收藏亦遂不知下落。

对于唐式遵收集到的书画，1997年，著名学者汪世清曾在致鲍义来的信中指出：

> 唐式遵在歙收集古代书画，多请疑翁和长名【铭】先生鉴定，疑翁并为之题词跋，辑成《重威堂所藏书画题记》一书，……唐所收真伪杂陈，明显伪作恐怕不在题记之内。但题记中也并未必全是真品，而疑翁所题跋却颇值得一读。（见姚邦藻等主编《汪世清谈徽州文化》，北京：当代出版社2004年版，页424）

从现存的《重威堂所藏书画题记》一书来看，有一些看上去像是稀世珍品，如"元黄公望山水立轴"：

> 大痴墨戏，为元因［四］家之首，亦即为元以后第一人。富春山水图，皆已化去，清故宫似存片楮，今不知流转何所。如得真龙，则海内奇宝也。子晋将军此纸，以重直购自吾乡鲍氏。鲍昔为盐商，力能致珍物，亦颇有明眼人为之鉴定，此纸虽破碎装补，而浑穆深重、荒寒野逸之气，盎然溢目，令人惊心动魄。意者其真龙乎？吾将为将军贺得宝矣。
> 壬午秋许承尧游黄山归题记。

"壬午"即1942年，许承尧所说的"吾乡鲍氏"，即歙县棠樾鲍氏，该家族长期在扬州从事盐业，曾出过鲍志道、鲍漱芳那样的两淮盐务总商，家资多达三千余万，是乾嘉时代中国的首富。许承尧在题记之末曰："意者其真龙乎？"似乎语焉不详，但却颇值得玩味。1946年，上海出版的《海晶》杂志第24期上有一篇署名为"詹"的作者所撰《唐式遵二三事》，其中提及唐氏的古玩收藏：

> 徽屯一带骨董商，知唐总司令性嗜古玩，偶有所获，莫不趋于唐氏之庭，唐固多金亦不吝重价，数年来在徽所集书画，数量诚属可观。老名士许疑庵，居歙之唐模村，与总部相去甚近，唐氏以师礼事之，凡遇书画有疑，辄以疑翁一言为取舍之准。骨董商之黠者，辄奔走疑翁之门，求其口角春风，翁辄诺之，故唐氏所得古玩，亦不尽可恃。疑翁笑语人曰：唐总司令收藏丰富，略有赝鼎无损毫末；而小商人意外收获，则于社会经济颇有裨益。确是很透彻的见解！

这篇文章是抗战结束后的追忆，所述颇为生动、风趣。由此可见，今人在阅读《重威堂所藏书画题记》时，似当时时牢记"唐总司令收藏丰富，略有赝鼎无损毫末"之疑庵笑语。

当然，这并不是说《重威堂所藏书画题记》一书中多非真品。例如，书中另有"刘墉真书大堂幅"：

> 刘文清传其父学，家世善书，其书能于浑厚坚重之中，见

飞腾突兀之气，同时翁覃溪辈远不及也。此巨幅尤具太平宰相风度，绝不易得。文清与吾乡棠樾鲍氏有交，为书《义田记》，并题祠柱，此出鲍氏真迹无疑。

除了棠樾鲍氏之外，渔梁巴氏也是著名的淮南盐商，书中的"清巴慰祖隶书条幅"曰：

> 巴子安，歙渔梁人，以分书名一世，工篆刻，创徽派，汪容甫极推重之，谓其得汉人遗意，此中岁真迹也。

巴慰祖出身于盐商世家，长期活跃于扬州和汉口等地，家藏法书名画、钟鼎彝文甚多，本人则工篆隶摹印，是著名的篆刻家。安徽省博物馆现藏有《巴子安先生贾汉口时家书》稿本一册，楮墨精湛，字迹飘逸，即原属疑庵的秘藏孤本。

除了广陵鹾商之外，《重威堂所藏书画题记》中涉及杭州盐商的遗墨也有不少。例如，"集古印存印谱"条曰：

> 汪启淑字秀峰，一字讱庵，歙绵潭人，巨富。工篆隶刻，喜声誉，有印癖，著《续印人传》，收藏古今名印极多，此其所编印谱之一，且为稿本，颇可贵。秀峰殁后，家亦中落，所藏印全归西溪汪梅影绍增，此从汪梅影故箧中发见也。

汪绍曾（1775—1818）号梅影，为著名的不疏园分支善述堂之主人，与汪启淑过从甚密。当时一同发现的，还有汪氏的《飞鸿堂印谱》稿本十二卷，"乃海内孤本也"。这些当地徽州盐商的旧物，现在当然皆属于稀世珍宝，但在当年并没有非常大的名头，故绝大多数应属真迹无疑。

此外，《重威堂所藏书画题记》还有数处提及敦煌文书。如"敦煌写经"条的题记长达四百余字，其中第一段述及敦煌文书之发现，以及许承尧购藏敦煌文书的过程。第二段则描述该写经的样貌及其内容：

> 此卷为唐人用硬黄纸书，书笔沈穆，古味盎然，首尾完全，颇不易得耳。救疾经为藏外佚经，不见全藏目录，单本孤传，尤可珍异，轴亦唐制，余坚守之亦二十年。今年仁寿唐子晋将军驻军吾里，将军转战皖南，歼除狂寇，功高望重，又复冲雅嗜古，与余谭艺至洽，荷有渐江画幅之贶，因持此卷奉献，以志一时因缘，且留他日纪念也。

题记作于1940年，文中的"唐子晋将军"即唐式遵，此处提及这份敦煌写经在自己手中已历二十年，当时因唐式遵手头有"新安画派"大家渐江的画幅，许承尧遂将此经与之交换。

在《重威堂所藏书画题记》中，

《重威堂所藏书画题记》

还有一处文字通过对三十九行千佛洞写经的考证，论述了中古以还书法的嬗变之迹。其中也提到，"晚得遇蜀中唐子晋将军，博雅好古，超异时流，私心景慕，略分论交，因搜残笥，一再奉献，并述鄙言，冀得就正云尔。"从中可见，许承尧收集到的一些敦煌文书，也曾奉送给唐式遵。上述的题跋，最早由鲍义来先生征引，后来，余欣教授转引上述资料，用以探讨许藏敦煌文书之流散。

（六）

许承尧所书医匾（屯溪新安医家包氏后人珍藏）

近二十多年来，笔者长期在皖南从事村落人文地理考察，其间，时常偶遇许承尧的相关资料。例如，未刊稿《歙县修志私议》，就是清光绪三十四年（1908年）之后广为派发的一份资料。根据我的研究，这应是徽州知府刘汝骥任内酝酿开局修志的相关文献，反映了许承尧对于新编《歙县志》的个人设想。如所周知，清代修有康熙、乾隆和道光三部《歙县志》，其中最晚的道光志刊刻于道光七年（1827年），及至光绪末年已过了八十年左右，因此，亟待编纂一部新的方志，从诸多侧面反映十九世纪中叶以还（特别是太平天国之后）徽州的社会历史及其盛衰递嬗。不过，清末的此次修志并未如愿，直到近三十年后，新编《歙县志》的梦想方才得以实现。

作为民国《歙县志》的总纂，许承尧对于该部志乘之修纂，做了长期的精心准备。他驰骛翰墨，远引旁搜，撰著了《歙故》（《歙事闲谭》），还曾补纂《歙志补》等，这些，都为他后来总纂《歙县志》打下了良好的基础。诚如他的好友、国画大师黄宾虹所言："乡里兵燹之余，继以政治、学术改革，文献本易征集。我公锲而不舍，竟得鬼神呵护，发见遗著甚多，极大快事！"函中的"我公"，就是指声誉隆盛的许承尧。从现存的书目来看，许承尧收集到的乡邦文献极为广泛，其中尤以歙县史料占绝大多数。譬如，明末清初"新安画派"之代表性人物渐江的传世作品颇为少见，许承尧就曾多方寻觅而不可得。直到1930年，才得到好友馈赠的渐江松石小品。此后，又经黄宾虹介绍，从地产大亨、歙人程霖生手中购得渐江的《晓江风便图》长卷。此画是渐江晚年的代表作，作于清顺治十八年（1661年），描绘了练江入新安江一带的实景，是作者送给西溪南吴羲赴扬州的赠别之作，后有石涛、吴羲、许楚等人的长跋。另外，许承尧还收藏有渐江所画的《高桐幽篠轴》等。上述这些，现在都收藏于安徽省博物院。对此，罗长铭曾作《寄题疑庵二十韵》，其中写道：

> 疑庵万里客，归橐几篇诗。
> 奇句搜河陇，高名溢海陲。
> ……
> 将军勤问字，稚子懒扶犁。

月夕延丹叟，风晨揖渐师。

乡传江戴学，经剖晋唐时。

……

　　罗长铭与许承尧为忘年之交。1946 年后者逝世时，罗长铭撰有"一代诗人真寂寞，半生知己愧浮沉"一联挽之。根据诗序，该诗作于"抗战后第五年三月"。诗中的"将军勤问字"，当指唐式遵与许承尧的交游。而"风晨揖渐师"，则是指许氏收藏有渐江的《晓江风便图》长卷。上引的最后两句，是说他除了专治徽州的江永、戴震之学外，"又藏敦煌写经甚富"。

　　1943 年，许承尧年届古稀，作有《七十杂书八首》，其中一句自称："且拥图书称富叟。"该诗收入其人手订的《疑庵诗》十四卷。从个中的逸情歌咏中，我们不难看出许承尧对于个人收藏的踌躇满志。比较而言，对于敦煌文书，许承尧主要还是从文物鉴藏的角度

唐模村及许承尧故居

　　　　　　　　　　　　　　　　从黄山白岳到东亚海域

去欣赏，虽然在一些方面见识过人，但并未有过更为深入的研究。而他在乡居归隐后，致力于乡邦文献的收集、整理和研究，殚精竭虑地网罗散佚，主要是为其编纂《歙县志》做准备。正是因为酷爱乡邦文献，故而对于硕德名儒、清才逸彦之片鳞只爪皆从不放过，特别是对渐江作品更是视若珍璧，因此，诚如前文所提及的那样，他不惜以敦煌文书置换唐式遵手中的渐江画幅。

对于徽州文献的情有独钟，使得好古博雅的许承尧，成了徽州亮丽的一张名片，成为传统时代徽州文化研究的集大成者。

（原载于《文汇学人》2020 年 7 月 10 日）

吴景超的学术与人生

    与胡适相似，才华横溢的吴景超亦出生于徽州茶商世家，早年也是在"贾而好儒"的皖南山乡，接受过初级的传统教育，此后则藉由徽商在全国的商业网络，随从父、兄辈步入开放、包容的繁华都市求学，从而开阔了眼界，并赴太平洋彼岸留学深造。他一生治过学，办过刊，从过政，曾一度独步学界、声名藉甚，但其暮年的人生轨迹却起伏跌宕。虽然，他的"正牌学生"中也出现过像费孝通那样的著名学者，但其本人却未能成为一代宗师。吴景超的不少著述，亦因社会学在中国大陆的骤然中断而为学界所淡忘。而今，我重读他所撰述的《皖歙岔口村风土志略》，仍能感受到近百年前一位有志青年强烈的学术激情，以及宏大的人文关怀。

（一）

    徽州的母亲河——新安江穿行于皖南的低山丘陵之间，河谷深切地层，两岸群山起伏，其上游密布着众多的支流。在歙县南乡，大源河自周家村蜿蜒曲折，与从井潭流出的小源河交汇，始称大洲源。大洲源西南流至武阳附近，折而东南，继而转向西行，汇入新安江。再沿新安江途经皖浙交界处辗转而下，清湍激流，一路到达钱塘江滨的杭州。

岔口村就位于新安江上游，大源河与小源河在此汇聚，呈 Y 字形，村落因此而得名。在传统时代，岔口历来就是大洲源流域日用消费品和土特产品的重要集散地，大洲源沿岸的物产由此汇聚，然后源源不断地输送到长江三角洲各地。

在这些土特产品中，茶叶是最为重要的一种。1919 年 6 月，年届弱冠的吴景超（1901—1968）发表了徽州洋庄绿茶之调查报告。他指出：徽州物产以茶叶最为著名，蜚声中外。具体可分为"店庄"

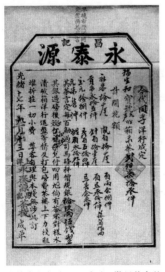

光绪十七年（1891 年），徽州茶商的
洋庄贸易成单（歙县档案馆藏）

《卖方茶寄家信俚言》（歙县大洲源
流域的日用类书，民国抄本）

和"洋庄",内销茶叶称为店庄,而供出口海外的则叫洋庄。当时,徽州茶号约计二百余家,较"欧战"(第一次世界大战)之前有所减少,这是因为战后"银根吃紧,航路阻碍,洋庄不甚行销"的缘故。而在徽州,茶号最多之处,除了休宁屯溪(当年屯溪是休宁县辖下的一个市镇)之外,还有歙县的深渡、岔口等处。

这里提到的"岔口",就是调查报告执笔人吴景超的老家。早在唐代,徽州方茶就已颇为著名,这在唐人杨晔的《膳夫经手录》中即有记载。及至晚清时期,大洲源一带更是歙县方茶的重要产地。当时,岔口曾出现过徽州著名的茶叶巨商,其中有不少人都从事外销的洋庄贸易。例如,民间珍稀抄本《杂辑》中,就有《岔口吴锡蕃先生伯仲》条,文中提及:

岔口开设吴心记之吴锡蕃,兄弟五人,北岸支,扦岔口数世矣。父蔚文在日,家道康,因做洋庄中落。锡蕃经理店事、田园,勤劳罔懈,守之二十年,重做洋庄而中兴……同时,伊之本家有荣寿字俊德者,……以做洋庄,骤发至二十万,在屯溪为徽商领袖云。

"茶叶大王"吴荣寿等人的小传
(徽州珍稀文献《杂辑》,民国抄本)

文中提及的吴荣寿（1873—1934），自其童年起即随父、兄在屯溪经营茶叶，光绪二十七年（1901年）子承父业，在屯溪开设了怡春、永原、华胜等茶号，精制"屯绿"。此后，他与同好倡导组织屯溪公济局。此一慈善机构系由茶商出资，开展施药、施棺、育婴等公益活动。1910年，他又在屯溪阳湖创办了徽州乙种农业学堂。曾先后担任徽州茶务总会会长、休宁商会会长等职，并制定《徽州茶务章程》。因其席丰履厚，被时人尊为"茶叶大王"（另在上海滩，同行称之为"茶大虫"）。正是因为这个原因，前述的传记称他为屯溪的"徽商领袖"。1914年，著名教育家黄炎培前往屯溪考察，其间曾拜访吴荣寿，并赴阳湖参观乙种农业学堂，调研茶业状况。当时，与吴荣寿合伙做茶叶生意的岔口人，还有吴汉尘、吴佩行等，其人的旧宅皆在屯溪阳湖一带，直到晚近仍清晰可辨。

　　与上述诸人相似，吴景超也出生于茶业世家，家境饶裕。其父吴瀚云为晚清贡生，热心于公益事业，捐资兴学、筑路修桥等，一向不遗余力。在家族的资助下，吴景超于1914年就读于南京金陵中学，翌年考入北京清华留美预备学校，1923年夏获公费资助赴美留学。有关徽州洋庄绿茶的调查报告，应当就是他在北京求学期间所撰写。

　　当时，吴景超虽然在外求学，但每逢假期，总要抽空回到故乡。他曾对同在留美预备学校的闻一多说过："人生最完满、最快乐的生活，只是诚心悦意地加入社会去活动，使我所居的社会，因为有我，可

年轻时代的吴景超

以向真美善的仙乡，再进一步。"从中可见，青年时代的吴景超，有着崇高的人文关怀，对于自己的研究更是充满了激情。在《暑假期内我们对于家乡的贡献》一文中，吴景超表示要回乡组织"少年学会"，其宗旨主要在于研究学术、修养品行与改良社会。他主张在假期要外出旅行，"调查社会，为改良张本"。为此，他拟定了社会调查工作的详细计划，关注的重点包括一地的农业、工业、商业、物产、人口、风俗、教育、交通、慈善机关和生活状况等，宏纲细目，靡不毕该。

（二）

也就在 1919 年，吴景超深情款款地写道：

> 昔仲尼去鲁，迟迟其行；汉高过沛，留连不舍。人无不爱其故乡，凡有血性者皆然也。岔口，余之生长地也，其地山清水秀，风俗淳朴，余自束发以至成童，皆度岁月于是。及长，离乡他适，然每逢佳日，心中辄怀故乡弗能忘。因就记忆所及，著为是篇……

这是他在清华《癸亥级刊》上发表的《皖歙岔口村风土志略》之序言，文中"首位置，次沿革，次物产，次宗法，次生活，次教育，次风俗，次胜景"，概述了村落的生活实态及其时势权宜，阙疑征信，叙述精当。对照前述的社会调查工作纲目，可见吴景超这篇"风土志"之形成，除了桑梓情深之外，还与其人对社会调查重要性的自我意识，以及较为长期的知识储备密切相关。

《皖歙岔口村风土志略》一文，藉由生于斯长于斯的生活体验，并通过细致的实地调查，对民国前期皖南山乡的一个村落，作了几近全景式的描摹。其中的"职业"部分，就与前揭的洋庄调查密切相关。关于岔口村的茶叶贸易，吴景超指出：

> 茶之出类，颇为不少。村中有洋庄茶号六家，每年收集村中及他乡之茶叶，制为洋庄，运往沪上，销与外人。开设茶号，需资甚钜，而村人有充厚资本者，绝无仅有。曩时皆由沪上茶栈放水脚，或息借庄款，以应需用。年来金融紧迫，茶栈及钱庄，多不愿放款，村中茶号，以此停止或减少营业者，已非一睹矣。

吴景超出身于茶商世家，从小耳濡目染，对于洋庄绿茶的了解颇为细致。在上揭文字中，他对岔口村中洋庄茶号的数量、茶叶制作、运输方式、资本规模及融资方式等，都有简明扼要的概述。从中可见，岔口虽然地处偏陬一隅，但它却与长江三角洲乃至整个国际经济联系在一起，由此，我们可以较为细致地观察二十世纪初国际贸易冲击背景下皖南山乡的巨大变化。

在《皖歙岔口村风土志略》中，吴景超首先概述了岔口村的位置和沿革，指出：岔口位于歙县南乡，属于当时的南一区，"村之四周多山，……四山拱卫，如围屏然"。接着，他记述了岔口村的"物产"，并对当地人的生计实态和社会关系作了重点描摹，勾画了农村家庭的日用食料、经济作物和家禽家畜等的一般状况，从诸多侧面展示了皖南地区普通民众的日常生活。从中不难看出，岔口仍属传统徽州典型的农村社会，村内居民绝大多数从事农耕，民风颇为淳朴。不过，在经商风气愈益炽盛的背景下，当地也有不少人外出务工经商：

> 村人又有经商于外者，其地多在北京、上海、苏州、杭州及江西之景德镇，浙江之金华、兰溪、衢州、龙游，安徽之寿州、霍山等处，或为人作夥，或自设店业。其最远者则为日本，行业为茶、漆为多云。

由此可见，一些岔口人走出山遥水隔的皖南山乡，在全国各地居廛列肆、服贾经商。而在旅外徽商以及本地茶叶贸易兴盛的晚清、民国，岔口村也逐渐受到与日俱增的外来影响。在这方面，比较典型的一个标志是村中设有药房，所卖药品多有外来的金鸡纳霜丸等

岔口村（2015
年12月摄）

西药。而馄饨摊和面摊之纷纷设立，也从一个侧面反映了与茶叶贸易相关的外来流动人口之增加。

　　与传统描述不尽相同，吴景超在考察各类劳作时，非常注意记录当时的工价，这是颇有价值的线索。以择茶为例，他在《徽州之洋庄绿茶》一文中就指出："茶号收茶百余石，即可开工。工人有三种，多寡视号之大小而异。大号约有焙工二百人，拣工六百人，作工八十人。小号则焙工不过数十人，拣工不过百余人，作工不过十余人耳。……拣工皆本地女人，工价视拣茶之多寡而差，自数十文以至百数十文不等。"可见，无论是大号还是小号，拣工的数量总是最多的，而这些拣工，皆是由当地的女人充当。由于上揭描述记录了各类劳作相关的明确工价，倘若结合其他记载，便可作为比较的基础，从而对民众的生活水准有一个基本的估计。例如，《皖歙岔口村风土志略》中提及，当地猪肉价格一百数十文一斤，面、盐等物约三四十文一斤，豆腐三四文即可购得一大方。相比之下，一般人只要勤于劳作，基本上便可生活无忧。

（三）

中国的"风土志"撰述，可以上溯至先秦的《禹贡》。此后，"风土志"也成为方志中的一个组成部分。及至晚清、民国，"风土志"之撰写，逐渐由传统方志学的描述转向具有一定近代社会调查意义的资料，其部分编撰者也从传统士绅转向受过新式教育的学生，这使得"风土志"的内涵更为丰富和细致。

自明代以来，徽州就逐渐形成宗族社会。根据吴景超的描述，岔口一带最早的居民为郑姓，明末，附近的凌姓以及昌溪吴姓相继迁入。及至清代，北岸吴姓开始迁入。到了民国，全村共有三百余户，一千余人，其中人口最多的就是吴姓。对于岔口一地的"宗法"，吴景超指出：当地有吴姓祠堂四所，即光裕堂、积善堂、彝叙堂和祥和堂。另外，还有属于凌姓的敬本堂。其他各姓，则因人数过少而未建祠堂。各祠堂中，以吴景超所在的光裕堂人数最多，为其他祠堂所不及。由于吴姓的四个祠堂源出一支，关系甚密，而且，他们又与凌姓互通婚姻而为亲戚，所以村中彼此和谐相处，数十百年来都没有打过官司，这在素以"健讼"著称的徽州颇为少见。

关于祠堂，吴景超细致描述了祠产管理、祭祀及其相关食物，对于宗族社会背景下的佃仆制度，亦有专门的论述。在家族与家庭方面，他特别推崇徽州的分家习俗：

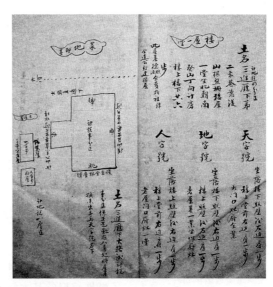

徽州分家书
（清代抄本）

　　村中绝少三四世同居，虽兄弟亦多分爨，如一人有二子，则其子长大时，为父母者即为之析产。析产之书，多请族人签押，防他日之争执也。考家族制度中，惟数世同居一习为最恶，盖人口众多，则逢财相竞，遇事互诿，俭者不复俭，而勤者不复勤，终至人逸家衰，趋于贫困。吾村虽行家族制度，然能择其善而袪其恶，此村人所以多独立之精神，而少依赖之恶习也。

　　根据吴景超的看法，分家习俗促使徽州的个体各自独立，发家致富。而在我看来，此一习俗与"打会"（民间融资）惯例，是明清徽商崛起及称雄商界颇为重要的两个因素。另据唐力行教授的研究：徽州宗族制度下的家庭结构以核心家庭为主、主干家庭为次。在传统时代，徽州的宗族呈现出日益扩大的趋势，商业发展促进了家庭

大洲源流域的民间日用类书
（民国抄本）

的裂变，家庭规模之缩小则是商品经济发展的必然结果。此种家庭—宗族结构，使得徽州社会更富于弹性和流动性，有利于社会的稳定以及徽商的商业活动。换言之，在大宗族的格局下，小家庭更能迸发出旺盛的竞争活力。

在论述了宗族和家庭的基本结构之后，吴景超认为："风俗者，所以表现一地习尚之美恶，而政教所因也。"他将岔口的风俗分为婚嫁、丧葬、岁时和迷信四项加以分类论述。有关婚嫁，他具体描述了婚姻嫁娶的基本情况，包括在男方的送房、传袋、吵新人、撒帐、吃交杯酒、拜灶司、拜三朝等，以及女方家中的嫁妆、辞祖、分家饭、哭嫁、接回门等。其中的一些记载，也反映出近代以来婚礼程序上的细微变化以及岔口村婚俗的独特之处。在岁时节俗和"迷信"方面，文中对二月二日接土地，三月三日嬉龙舟，清明祭扫挂纸，立夏食面，五月五日端午，七月十五祭祖宗、焚烧金银纸袋、作斋醮之会、召僧道施食、中秋食月饼、设宴赏月，九月重阳食角黍，十二月初八腊八节，二十四日送灶，除夕前数日送年节，除夕索压岁钱、坐三十夜等，皆有细致的描述。既描摹了一地民众衣食住行之常态，又展现了节日狂欢时众多的迎神赛会场景。

（四）

在传统时代，"西湖十景""潇湘八景"之类的意象影响深远，发展到后来，到处皆出现"十景""八景"之说。虽然历史学家对此多不以为然，认为这只是文字游戏，并无实际意义。但若从人文景观的角度视之，至少在村落层面，"十景""八景"之出现，明显反映出村落已发展到了一个新的阶段。就岔口而言，大概是在清代，出现了"八景"之说。其中，列在首位的是"梯云夜读"。对此，吴景超解读说：

> 梯云草堂，今已焚毁，然荒烟蔓草间，犹令人想见当日情景。每当风和日暖，鸟语花香之际，携书至其地，据磐石读之，令人抑郁之思，不扫而自去。

梯云草堂是岔口村著名的私家藏书处之一，咸同年间毁于太平天国兵燹。之所以将"梯云草堂"冠于"八景"之首，显然意在标榜岔口乃系"贾而好儒"的徽州古村落。

根据吴景超的描述，从清初以来，因茶叶之兴盛，岔口教育的发展日新月异：

> 自清初即崇礼教，重经学，雍、乾以降，有解元、举人数

人，岁贡、廪生、生员十余人，武秀才亦有数人。科举废，学校兴，又设有师范传习所、国民学校，毕业其中者，多设馆教授，称良师。

岔口在歙县只是南乡的一个小村落，但从清代到民国，岔口一带的民众教育颇为与时俱进。据文献记载，马克思在《资本论》中提到的唯一的中国人王茂荫，为歙县杞梓里人，亦出身于茶商世家，他后来成为户部右侍郎，主持咸丰年间的货币改革。其人在十三至十五岁时，曾"从双溪吴柳山游"。"双溪"也就是岔口，吴柳山系乾隆丁酉（1777年）科江南乡试解元，为当地的文坛名宿，在歙县南乡培养过不少农商子弟。1906年，晚清举人张云锦等，依靠茶捐及私人捐助，在岔口创办了双溪师范（后改为大洲公学），这是清末徽州师范教育早期历史上极为重要的一页。

由于有着悠久的尊师重教传统，岔口人对于教育极为重视，当地的文风一向颇为炽盛。对此，吴景超分别叙述了私塾教育和新式小学，特别是对岔口当地的师资、教材、课程及教学安排等，都作了详细的叙述。在他看来，私塾教育已远远落后于时代。而在当时，新式教育也早已在岔口出现：

> 村中有一小学，名曰大洲两等学校，此为南一区惟一之小学，开办于民国元年。校址在村西忠烈古庙，内有讲堂二，食堂一，厨房一，职教员办事室一。开办之第一年，有学生五六十人，……校中有职教员三，教授取启发主义，科目为国文、习字、算术、修身、历史、地理、理科、体操、音乐、图

近代教科书，光绪戊
申（1908年）上海
书局石印本

画等……授业时间，每日午前八点半起，至下午四点半止。校
中无运动场，体操多至村外旷野上行之云。

　　尽管仍有种种不足，但作为新式教育的一种形式，小学与传统
私塾的课程及教学安排完全不同。二十世纪九十年代，在皖南民间
随处可见的旧书中，清末民国时期由商务印书馆刊行的各类新式小
学课本为数最多，这些课本，显然都是旅外徽人寄回家乡的新式教
材。当年，除了教材之外，还有不少其他书籍也随之传入徽州。吴
景超指出，岔口村中有藏书场所数处，如梯云草堂、双溪草堂、山
对旧书斋、霞峰别墅、自得山庄、能静轩和龙门草堂等，皆是私家
所设的藏书室，"其中有用之书，无不具备。近今如名家小说、欧美
小说，亦多购有"。揆诸史实，徽州素有藏书的传统，迄今在当地的
古玩店中，仍可见到不少昔日庋藏古籍的红木书箱。只是到了近代，
藏书的范围已不再局限于传统的儒家经典，而是扩及晚近的小说等。

这种情形，也从一个侧面反映了徽州社会的变迁。此外，文中提及的名家小说、欧美小说等，显然也是由旅外经商者所购置，并寄回桑梓故里。

正是因为茶业之兴盛以及茶商家庭对教育的重视，当地有不少人外出接受新式教育，从而成为知名的学者、文化人。绩溪的胡适如此，吴景超则是另一个典型的例子。

（五）

徽州虽然僻处皖南山乡，"山限水隔"，地理上颇为闭塞。但随着徽商的无远弗届，以及土特产与外来商品的转输，人群互动、文化碰撞及社会流动极为频繁。犹如精美的徽派老房子，高墙深屋虽

徽派建筑中的"四水归堂"

然幽暗，但厅堂前的一方天地，依然透着屋外的光亮，"四水归堂"中精心呵护的盆栽，也在此天地交接间自由地呼吸吐纳，从而焕发出勃勃生机……

吴景超出生于茶业富商家庭，他于 1923 年夏远赴太平洋彼岸留学，先后在美国明尼苏达大学、芝加哥大学攻读社会学，并荣获学士、硕士和博士学位。1928 年回国，春风得意，以青年才俊荣任南京金陵大学社会学教授兼系主任。1931 年出任清华大学社会学系教授，并开展城市经济调查。当年，清华大学社会学系名流荟萃，著名学者陈达担任系主任，潘光旦、李景汉等人也是社会学系的教授，他们都曾赴美留学，彼此关系颇为融洽，相互汲引，希望在中国大展身手，拓展出社会学研究的新天地。

1936 年，应同窗好友翁文灏之邀，吴景超赴南京任国民政府行政院秘书。其间，曾赴英国、法国、德国和苏联等国，为中国的外事奔忙。抗战胜利后不久，吴景超调任国民政府善后救济总署顾问。但他为人正直，深恶官场陋习，对于仕途交际间的钻谋营取颇为不屑，遂辞去顾问职务，于 1947 年 1 月重返清华大学社会学系任教。此后，他与一些同好在北平成立了社会经济研究会，出版著名的《新路》周刊，聚焦中国的政治和经济问题，相互交流辩驳。从政治倾向上看，吴景超与当时的一些学者都属于自由主义知识分子，他们崇尚美国式的"民主"，既抨击国民政府和蒋介石，又对共产主义抱持怀疑态度。正因为如此，《新路》周刊既遭到左派知识分子的批判和谴责，也受到国民政府的严厉警告与压制，以致该刊不久后即被勒令停刊。北平解放前夕，胡适、吴景超等人，都站在个人命运上的一个重要"岔口"。据说，蒋介石曾让人捎信给吴景超，希望他

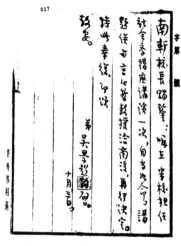

吴景超手迹（复旦大学档案馆藏）

吴景超致胡适，耿云志：《胡适遗稿及秘藏书信》（黄山书社1994年版）

能随同国民党撤到南方。后来，胡适还专门派人送来两张机票，动员他一路同行，搭机南飞。为此，当时的国民党《中央日报》，甚至迫不及待地登出吴景超南下的消息。不料，这些都遭到他的坚决拒绝。此时，吴景超似乎对一党独裁的国民党失望至极，他甚至还劝胡适也一同留下。与此同时，傅斯年也极力劝诱吴景超前往美国执教，他亦不为所动，仍继续留在北京，迎接新政权。

新中国建立以后，吴景超努力学习马列主义，积极改造思想。1951年春，他参加由中国共产党中央和北京市委组织的西北土改参观团，前往大西北参观土改。此一活动历时一个月，归来后，他写了《参加土地改革工作的心得》，重点表达对知识分子思想改造必要性的心悦诚服。1952年，中国大陆高校院系调整，许多大学原设的社会学系一概都被取消。1953年以后，吴景超长期执教于中国人民大学经济计划系。在此期间，曾发表不少有关人口的文章，指出节制生育与控制人口增长的重要性，相关见解极受马寅初的叹赏。1954年，中国大陆思想文化界掀起了一场全面批判胡适思想的政治运动。1955年2月8日，吴景超在《光明日报》上发表了《我与胡适——从朋友到敌人》，剖析个人思想的来源，批判了胡适的"主观唯心主义"，并决心与之划清界限。我们虽然不能完全了解这篇文章发表前后吴景超的处境，但他希望努力跟上时代，洗心革面、改造思想的心路历程，却是显而易见的。

1956年10月19日，《真理报》上刊登了苏联科学院通信院士费多塞也夫的一篇文章，报道了国际社会学会第三次会议的盛况。文中提及，此次会议共有五十七个国家的五百个代表参加。其中，西方国家的社会学者发表了大量有关劳动、文化、生活、家庭、道德、都市与乡村等问题的成果，此类问题在社会主义国家都没有得到足够的重视。这篇文章，让具有浓厚专业关怀的吴景超重新燃起了一线希望，他迫不及待地发表了《社会学在新中国还有地位吗？》一文，指出："在百家争鸣的时代""还有设立社会学一门课程的必要"。（《新建设》1957年1月号）在他看来，现代社会学是一门新兴的、最切实用的社会科学，在改造中国社会落后面貌的过程中具有独特的作用，故而应当精心研读必要的现代知识，恢复讲授社会学，研讨形形色色的社会问题。吴景超私下曾表示，"几十年来积累起来的东西不要轻易放弃"，取消社会学是"破坏科学，摧残科学"，因此，他主张重新设立社会学系，并提出首先在北京、上海、广州、成都这四大城市的大学内重新建系的具体方案。这些专业主张及方案，在政治与学术牵丝攀藤的诡秘气氛中，自然是形格势禁、求清得浊。不久，他就因世事突变而招尤惹谤，与学生辈的费孝通等人一起被错划为"右派"，历经磨难后，于1968年赍志永逝，直到1980年才获得平反……

（六）

　　作为徽商之子，吴景超出身于殷实人家，少年时代饱食暖衣，得以安心求学。他天资聪颖，且极具悲天悯人的社会关怀和强烈的爱国热忱。其人受过良好的传统教育，也经历过欧风美雨的洗礼，具有扎实的学术功底，曾与闻一多、罗隆基一同被誉为"清华三才子"。当年，吴景超极为活跃，他曾是《独立评论》的作者和编辑，深受胡适等人的推重。1947年，他重返清华大学。一位署名为"域槐"的人，在《自由文丛》上发表《吴景超教授回到北平以后》的文章，其中指出：

中年吴景超

　　吴先生是清华园的名人，从进清华当学生起到一九二二年出国，在七年的学生生活中，他是清华园里一名出众的人物，是当年的活动分子，他曾长期主编《清华周刊》，又是成绩优良的学生，高高的身材，轮廓可分，谈话使人觉得松适，还颇带一些诙谐口吻。留美归来后便开始了教授生涯，这正是传统典型的清华教育出来的人物。他一直是生活在舒适和安乐的环境中，从事着一种所谓的神圣的教育工作，他是一位社会学的专家，热心于社会实际情况的调查和研究，然而由于生活意识的拘束，总不免带着一些传统文人和浓厚的经院习气，始终只是以观察人的身份去观察实际的问题。基于这种态度得来的结论，除了富于一点人类本性的同情和怜悯而外，是不易于对问题得到真切的发解的。

自然吴先生自己不会这样设想，而相反地正因为有他自己的结论，终于禁压不住自己胸怀的抱负远见，他不能再把自己局限在象牙之塔内，让自己生命之火在里面窒息，他要为他所从事研究的学问，寻求实践的机会，他要为他所研究的对象，找出路谋取改革，救助在穷苦中挣扎着的人民，他力主中国应该工业化以扩大生产的能力，从而吸收农田上剩余的劳力，普遍地提高生活程度，而更基本的他主张限制人口的政策，他觉得三民主义中提倡鼓励人口的增加，实在是一种盲目的见解……

这篇文章明显是站在批评国民政府的立场上去看问题，对于吴景超此前弃儒为官不无微辞，不过，对于其人的才情以及学术贡献，亦掩饰不住地称赞有加。据说，梁实秋曾这样刻画他："景超徽州歙县人，永远是一袭灰布长袍，道貌岸然，循规蹈矩，刻苦用功。好读《史记》，故大家戏呼之为太史公。为文有法度，处事公私分明。"

吴景超有着开阔的国际视野，治学态度严谨，并形成了自己独特的科研方法。他早年考入清华留美预备学校，受过良好的语言训练，英语基础扎实。在美留学期间，又学习了德、法两种语言。在他最为活跃的年代，中国的社会学界，能以国际公认的学术规范、通用的一流科学研究方法，从事最前沿的学术调查。当年的不少科学报告，开山挖铜、创业拓地，迄今仍是社会学、历史学研究方面的经典之作，具有难以取代的学术价值。1949 年以后，为了适应形势的发展，吴景超又以五十多岁的年纪开始专修俄语，几年之后便能通畅地阅读俄文报刊、书籍，在力所能及的范围内，通过苏联、东欧了解国际学术动态。不过，尽管他久擅才华，又极为勤奋而努力，但却身不由己地牵缠于政坛诡状斯文变相，最终因种种忧累纷集一身而晚景凄凉……虽然他曾培养过像费孝通那样的著名学者，但本人却未能成为一代宗师，以致被今人评价为"被浪费的才情"。其人生轨迹之起伏跌宕，令人欷歔！这不仅是他个人的悲剧，而且也是特殊时代中国学术界的苦难与不幸。吴景超的一些著述，涉及中国的工业化道路、农业现代化、社会安全以及经济制度之选择等，事关国运民生，具有很强的科学性与前瞻性，直到今天仍有着重要的启发意义。只是随着中国社会学的一度中断而湮没不彰，有不少长期为世人所淡忘。

（七）

吴景超为中国第一代的社会学家，曾励志潜修，立身示范，是二十世纪上半叶研究都市社会学最主要的代表人物。他著书立说，阐扬学术，并抱有平成天地、治国化民的远大理想。1929年，他出版《都市社会学》一书，这是中国第一部都市社会学的专著。他主张模仿英国社会学家Charles Booth（1840—1916）所开创的"社会调查"之研究方法，将中国的社会调查分为农村调查和城市调查两个方面。其中，农村调查可以依靠学生，这主要是考虑到中国当时的学生大半来自农村，他们可以返回家乡调查自己的村庄。以往从未有人关注到他所撰写的《皖歙岔口村风土志略》一文，以至于至今还有学者认为"尽管吴景超积极提倡社会调查，他自己却没能亲身参与"。其实，早在1919年，吴景超就在家乡岔口村做过类似的调查。从前述的分析可见，《皖歙岔口村风土志略》是一篇有关其人桑梓故里、基于实地调查的民族志类型之资料，它从位置、沿革、物产、宗法、生活（含职业、衣食住、娱乐）、教育、风俗（婚嫁、丧葬、岁时、迷信）和胜景八个方面，对徽州的一个传统村落作了多角度的细致描述，其中不乏精彩的刻画和珍贵的史料记录。

歙县岔口的吴景超故居

1928 年 8 月，吴景超以《唐人街——共生与同化》一文荣获芝加哥大学社会学博士学位，它是吴景超"对本土关怀、实用主义立场以及实证性研究态度的兼顾"，对此，有的学者认为，此一成果是吴景超承自芝加哥学派的研究心得，这固然不无道理，不过，倘若我们对照《皖歙岔口村风土志略》一文，不难看出，有过先前村落调查的实际阅历，对于从事更复杂社会的研究显然颇有助益。也正因为如此，吴景超的诸多论断并没有处处流露出当时习见的舶来洋腔，而是有着较好的本土经验表述。从这个意义上来看，《皖歙岔口村风土志略》一文独具特色，对于我们理解吴景超的生活经历及其社会学实践，了解晚清民国时期的农村社会，迄今仍具有重要的学术价值。

（原载于《上海书评》2017 年 3 月 22 日）

徽州朝奉来取宝

（一）

在中国传统的民间故事中，有不少"识宝"和"取宝"的传说，这在学术界已有相当多的研究。例如，程蔷所著《中国识宝传说研究》（上海文艺出版社 1986 年版），就是民俗学界相关成果的专书。

简单说来，所谓识宝传说，其故事的基本模式是：某人家中有一种物品，他自己并不知道这是价值连城的宝物。后来，被偶然经过、善于识宝的胡人看到，后者请求购买此物。这一买卖有的成交，有的则并未成功，但最后无一例外都是由胡人说出宝物的价值及其用途。此类传说随着时代变迁，后来出现了诸多变形。唐宋以后的"回回识宝""江西人觅宝""南蛮子憋宝"乃至近代以后"洋人盗宝"之类的传说，都与此一母题存在着不同程度的渊源关系。其中，以"回回识宝"的传说流传最为广泛。

"回回"主要是指来自西域的那些人，包括阿拉伯人、波斯人、

中亚各国人以及后来的回族人，他们携来异域的珠宝，而且通常都擅长于珠宝经营。在明代以及之前，"回回识宝"的故事流传很广，但在此后，相关的传说逐渐消失。而与此同时，在江南一带，有关"徽州朝奉识宝"或"徽州朝奉来取宝"的故事则广为流传，这一点，应当与明代中叶以后徽商之崛起密切相关。

在江南，有关"徽州朝奉识宝"的故事相当不少，我这里先举一个涉及西湖龙井茶由来的传说：

> 龙井茶闻名天下，但真正的龙井茶发源地其实并不在龙井，而是在西湖西南面的狮子峰一带。相传，山峰上有一座寺庙，每天前来烧香的人很多。寺旁有一片茶园。某日，有位徽州朝奉前来烧香，他看到墙边有只破缸，里面盛有半缸污水，上面长满青苔。朝奉先生一看就知道是宝贝，他找来和尚，希望买下这只破缸。双方约定，明天朝奉再来抬走破缸。当天，朝奉走后，寺里和尚觉得破缸太脏，抬起来不方便，就动手将缸洗刷干净，并将其中的污水连同青苔，一起倒在茶园里作为肥料，最后，将缸抬回寺里，倒扣在墙角边。翌日，徽州朝奉带人前

来抬缸。到寺里一看，缸已倒扣在地，急得惊呼："哎呀，宝贝呢？宝贝呢？"他连忙找到和尚，询问缸中的污水和青苔究竟倒到哪里去了。和尚遂带着朝奉来到寺边的茶园里，后者一看果真在那，他数了数，被污水浇着的茶树共有十八棵。朝奉告诉和尚："这十八棵茶树，长大以后一定会产出上等的茶叶。"果真，到了采茶时节，狮子峰上的那十八棵茶树与其他茶树不同，用它们炒出的茶叶，香气浓郁，开水一泡，颜色碧绿，当地人遂将之取名为"狮峰茶"。后来，周围的龙井、杨梅岭、茅家埠的茶农都用狮峰山上的茶种培育新茶，所以，狮峰茶实际上是龙井茶的祖宗……

上述的故事，见厉剑飞编著的《西湖龙井茶采摘和制作技艺》一书（浙江摄影出版社 2012 年版，第 139 页。因避免冗长与拖沓，笔者在不影响原意的前提下对引文作了精简、缩写）。这个故事还有不同的版本，如临安北乡径山云雾茶之来历，也有颇相类似的故事。（临安市茶叶局、临安茶叶协会编《临安市茶叶史》，2005 年版）

前引故事之真伪无从考证，但其内容与唐宋以来"回回识宝"或"回回取宝"的结构基本相同，只是将故事的主角从"回回"改换成"徽州朝奉"而已。

在江南民间传说中，有关徽州朝奉"识宝""取宝"的故事相当之多，所以"徽州朝奉来取宝"的俗谚，为一般民众耳熟能详。在杭州，就流传着不少类似的故事。例如，杭州平津桥东堍有个鞋匠，收养了一只奄奄一息的邋遢猫，经他精心调理，很快恢复了元气。某日，来了位文绉绉的朝奉先生，开口便出高价要买这只猫。被断然拒绝后，他婉言说家里老鼠造反，咬坏米囤、撕破衣衫，希望能借该猫一用，并约定一段时间后归还……果然，届时朝奉如约前来归还，还掏出银子酬谢，并道出实情：原来，上天一神仙羡慕人间烟火，擅自下凡，化为一只玉老鼠，藏身于钱塘江畔的六和塔中，而这只猫则是玉帝派出的天将之化身。此次，朝奉先生是奉旨前来收回这两个活宝……于是，"平津桥畔癞皮猫，徽州朝奉来取宝"之传说，就在武林的街衢坊巷间流传，人们亦遂将平津桥称作"猫儿桥"。

　　类似的故事情节，在江南各地都相当普遍。例如，浙江湖州有句谚语称："徽州人识宝，湖州人识天；船上人会看潮，种田人会看天。"这句俗谚意思是说湖州当地人主要以种田为生，故而看云识天气十分在行；而徽州人则以商贾为业，见多识广，也非常精明，能够很好地估量各种商品的价值，及时找到发财致富的门道。另外，在浙江兰溪市诸葛村，因在传统时代有不少游方郎中，所以当地一

句俗谚称："徽州人识宝，诸葛人识草。""草"也就是中草药。在这里，"识草"与徽州人之"识宝"亦对举并称。

　　上述谚语中的"徽州人"，有时也写作"徽州朝奉"。所谓朝奉，通常说来有狭义和广义之分，狭义的是指典当铺中的职员，广义的则泛

典当铺中的徽州朝奉（戴敦邦绘）

指所有的徽商以及徽州之士绅。浙江越剧《九斤姑娘》(又名《箍桶记》)中，有财主石二佬与九斤姑娘斗嘴的片断：

〔九斤唱〕观音竹来无价宝，

独一无二世间少。

观音竹，箍面桶，

洗洗面，丑脸会变好相貌；

观音竹，箍脚桶，

洗洗脚，跷脚会得打虎跳；

观音竹，箍蒸桶，

蒸蒸年糕会得变金条；

观音竹，箍米桶，

满桶白米会变珠宝。

〔石〕喔唷！

〔九斤唱〕徽州朝奉来取宝。

〔石〕还过多少铜钿？

〔九斤唱〕铜钿还过六万吊。

……

上揭对话引自《越剧戏考》(浙江人民出版社1979年版，页246)，其故事是反映九斤姑娘之机智大胆，口才过人。在《箍桶记》中，财主石二佬以张箍桶吃了他家的"元宝鸡"为由，要挟后者将亲生女儿嫁给他愚蠢的小儿子。九斤姑娘见状，针锋相对地要石二佬赔偿被他媳妇拿去烧火的"观音竹"(竹篾)。在上引对话中，她列举了"观音竹"的诸多神奇之处。见此情状，石二佬计拙，只得无奈作罢。在这一段唇枪舌剑中，就提到"徽州朝奉来取宝"的俗谚。在江南的诸多民间故事中，"徽州朝奉来取宝，还过……（钱）"的说法，成了人们讨价还价的口头禅，意思是说"识宝"的徽商早已出过某一高价了，从而藉此自抬身价。

有关"徽州朝奉来取宝"的故事，从其内容、结构上看，应当是江南人利用传统历史记忆中固有的"识宝"主题，稍加变换而逐渐形成的。在这里，还可以举出杭州涌金门的传说：

> 杭州西湖原名金牛湖。当时，城内有家大当铺，里面有个徽州朝奉，人称"识宝太师"。有一天，识宝太师在拱宸桥一家豆腐作坊里发现一把破蒲扇，他看出这是件宝物。就向作坊主购买。后者询问其用途，识宝太师说："这把破蒲扇是金牛爱吃的好饲料，有了它，就能将金牛湖里的金牛引上岸来。"双方约定次日成交。不过到了晚上，作坊主决定先行下手，他悄悄拿着破蒲扇，来到金牛湖边，用破蒲扇变成的金色兰花草，真的将金牛引上了岸。正当他想拖走金牛时，却差点被后者拖落水中，只能铩羽而归。翌日，识宝太师带了银子前来取扇，作坊主只好将实情说出。识宝太师在叹息之余解释说："光有兰花草，没有牛鼻栓，怎么能拉得住金牛呢？"从此，金牛再也没有出现过，但金牛涌现之处，后人遂称之为"涌金门"。

此外，杭州"三潭印月"风景之形成，也有类似的金牛传说。（上述二例，见杭州图书馆编《西湖传说故事集成》名胜古迹卷，杭州出版社 2013 年版，第 115—116 页、第 59 页）如果我们参照民俗学界的研究，此一故事应源自六朝的"金牛"型传说，反映了中国人久远的寻宝梦想。

（二）

程蔷教授在《中国识宝传说研究》中曾指出，晚近江浙一带流传的"识宝"故事中，识宝者又往往被称为"徽州人"或"徽州朝奉"，她也对此一转变之原因略有申说。不过，对于此一问题，显然仍有进一步探讨及诠释的空间。

由于"识宝""取宝"之类的故事，皆是口耳相传的民间传说，它们虽然流传很广，但要找到此类传说出现的源头显然是相当困难的。不过，关于这一点，也并非完全没有踪迹可以追寻。

十七世纪初的明万历晚期，松江府华亭县李绍文编撰的《云间杂识》，是一部反映江南社会生活的笔记。在这部书里，他讲了一个故事：

> 成化末，有显宦满载归者，一老人踵门拜不已，官骇问故，对曰："松民之财，多被徽商搬去，今赖君返之，敢不称谢。"宦惭不能答。

此一故事，明显是个讽刺性的寓言，故事中最为核心的内容是那位老人所说的——我们松江百姓的财富，多被徽商搬去。根据笔者此前的研究，《云间杂识》中的该段记载实际上源自更早的一部笔记——嘉靖九年（1530年）五月之前成书的《淞故述》。在这部由另一华亭人杨枢所撰的笔记中，搬走"松民之财"的主角也并非"徽商"，而是"官府"。而此一主角置换的背后，实际上反映了明代嘉靖、隆庆、万历年间徽商在江南活动的日趋频繁。（参见拙文《明清文献中"徽商"一词的初步考察》，载《历史研究》2006年第1期）

撰诸史实，《云间杂识》中的那个生动故事，除了讽刺贪赃枉法的本地官员之外，更主要的还是流露出对于江南地区的外来者——徽商的强烈不满：这些人来自异地他乡，但却将江南的宝物——许多财富席卷一空。据此似可推断，江南各地出现大批"徽州朝奉识宝"或"徽州朝奉来取宝"之类的故事，应当就是在这样的背景下出现的。它所反映的，既是一种既成的客观现实，又折射出江南人基于大批徽商活跃的现实而产生的严重焦虑情绪。

清初绍兴人张岱在所著《陶庵梦忆》中有一篇"齐景公墓花樽"，其中提及："霞头沈金事宦游时，有发掘齐景公墓者，迹之，得铜豆三，大花樽二。豆朴素无奇。花樽高三尺，束腰拱起，口方而敞，四面戟楞，花纹兽面，粗细得款，自是三代法物。……后为驵侩所啖，竟以百金售去，可惜！今闻在歙县某氏家庙。"从最后提及的徽州某姓家庙来看，文中的"驵侩"大概便是识宝朝奉之流。此一个案，便是江南人眼中徽商搬走当地宝物的典型例子。

从明代中叶以来，在江南的盐业、木材、典当、布业等的经营中，有相当多的徽商活跃其间。在当时，一些席丰履厚的徽商财富多达数百万两白银。及至清代，更高至千万以上，他们位居中国财富排行榜的最顶端。这些徽商，对于江南而言是囊丰箧盈的外来者，他们与六朝时代的"胡人"以及唐宋元时期财大气粗之"回回"商人也颇相类似。所以，江南民间传说中以"徽州朝奉"取代先前的"胡人"及"回回"，显然亦顺理成章。

明人沈德符在《万历野获编》中指出："比来则徽人为政，以临邛程卓之资，高谈宣和博古图书画谱"。在这种背景下，"钟家兄弟之伪书，米海岳之假帖，渑水燕谈之唐琴，往往珍为异宝。吴门、新都诸市骨董者，如幻人之化黄龙，如板桥三娘子之变驴，又如宜君县夷民改换人肢体面目，其称贵公子、大富人者，日饮蒙汗药，而甘之若饴矣"。此处的"钟家兄弟之伪书"，典出《世说新语》，说的是钟繇之子钟会擅长模仿他人笔迹；"米海岳之假帖"，则是指北宋书法家米芾的传世伪帖，如《捕蝗帖》《离骚经》《天马赋》《鹤林甘露帖》和《评纸帖》等。此外，还提及宋朝王辟之所撰的《渑水燕谈录》，该书所记皆为绍圣二年（1095年）以前的北宋杂事，其中提及唐琴轶事。沈德符所举的这三个典故，意在烘托徽商对于江南鉴藏之风的推波助澜。当时，在徽州朝奉"珍为异宝"的过程中，文物真赝可谓鱼目混珠。在晚明时期，"苏人以为雅者，则四方随而雅之；俗者，则随而俗之"，沈氏笔下的"吴门"，亦即位于江南核心地带的苏州，而"新都"则是皖南徽州之古称。这两个地方，都是古董鉴藏及文物买卖最为发达的地区。板桥三娘子的故事出自《太平广记》，它与"幻人之化黄龙"及"改换人肢体面目"之传说，皆反映了其时古玩市场的波谲云诡。在十六世纪的东南文化市场上，徽商俨然成了操执牛耳的盟主。而在万历前后，江南一带的西汉玉

江南的典当铺（法国国家图书馆藏《苏州市景商业风俗图册》）

章纷纷被徽州富人以高价购去，尽管当时的文人士大夫极尽讽刺之能事，他们认为这是"邯郸才人嫁为厮养卒妇"，甚至还刻薄地喻之为官印堕于茅厕。不过，这也从一个侧面反映出徽州朝奉挟其巨资，在江南各地频繁"识宝"和大规模"取宝"的过程。

除了文人雅玩之外，自明代中叶以还，徽州典当商与普通民众（特别是下层民众）的日常生活关系最为密切。这是因为：在"无徽不成镇"的江南，民间素有"无徽不成典"或"无典不徽"的说法，此一说法是指江南一带的典当铺多是徽州人所开，即使不是徽州人所开的典当铺，其中的职员也大多是徽州人。狭义的徽州朝奉，就是指徽州典当铺里的职员。在江南，尽管典当铺中的徽州朝奉一向为人所诟病。但在另一方面，此处又素有"典当是穷人的后门"的说法。当地人进出典当铺，认为是"上娘舅家"。如在上海，人们昵称大当铺为"大娘舅"，小当铺为"小娘舅"，而当铺亦称其顾客为

"外甥"。这些，都说明典当业与日用民生关系极为密切，为不少人须臾不可或缺。而在传统时代，一般民众挣扎于贫困线上下，他们于青黄不接之时，总要进出典当铺，以典押财物暂渡难关。久而久之，许多人就将自己的穷困潦倒，与徽商之财聚力厚比照而观，进而认为自己的苦难皆是徽商之重利盘剥所促成——这就是"松民之财，多被徽商搬去"之类寓言出现的原因，也是"徽州朝奉来取宝"故事大批涌现的背景。

（三）

中国的典当业源远流长，一般认为，典当业起源于南北朝时期佛教寺庙的质贷。到了明代，随着商品经济的繁荣，典当业进入了一个新的发展阶段。当时，出现了以福建、山西、徽州为代表的地域性典当业行帮。其中，徽州典当铺以其薄利经营而得以迅速扩充，成为全国最为重要的典当业行帮。根据《明实录》的记载，万历三十五年（1607年）前后，河南巡抚沈季文就曾透露："今徽商开当遍于江北，……见在河南者，计汪充等二百三十家。"可见，在十七世纪初，仅在河南省境内就有汪充等典当商所开的典当铺多达二百三十家。这是个相当惊人的数字，从中可以窥见徽州典当在江北的活跃程度。

在明代，徽州典当商在北方的广泛分布，与徽商在北中国频繁的经济活动息息相关。因为在明代，南方的棉布、茶叶等物产大批北运，而北方的棉花也源源不断地运往江南，为江南的棉布制造业提供充足的原料。正是在这种背景下，徽商（包括典当商）在北方的活动极为频繁。到了清代，随着南北经济格局的变化，徽州典当商的活动开始主要集中在江南各地。乾隆六十年（1795年），山西学政幕僚李燧就指出：当时全国各地的典当铺经营者，"江以南皆徽人，曰徽商；江以北皆晋人，曰晋商。"这说明，在长江以南的典当铺经营者，基本上都是徽州人。另外，民国时期的徽商书信抄本，记录了一位典当业者的评论："愚思典业，吾乡之人胜在江南，不利于江北。"也就是说，徽州人在江南一带从事典当业经营如鱼得水，但在长江以北的广大地区，则并没有充分的优势。这虽然是民国年间典业中人的看法，但也在一定程度上反映了晚清以来的社会现实。

其实，所谓的"识宝"或"取宝"，与徽州朝奉的职业密切相关。近数十年来，各地陆续发现了不少民间抄本，其中有一些是徽州典当商的商业秘籍。从这些昔日的秘本中可以看出，典当职业的技能涉及之面极广。以验看绸绢为例，据《典务必要》称：凡是绸绢衣服，先看分量轻重，再看颜色之深浅，以及样式的新旧。如果分量重的，虽然旧些也可拆改它用；颜色浅的，虽然旧了也可以加染。缎以南京的为佳，苏、广次之。绫绸以濮院镇的为上等，盛泽镇出产的其次……而从《当行杂记》的记载中，更可了解当时作为典当铺从业人员的知识结构。该书依次是看衣规则、西藏土产、看珠规则类、看宝石规则、看磁器规则和看字画谱等。"看字画谱"中，不仅要记住"天下驰名写画名人"，而且还必须将自唐代以迄清代近百位著名画家的籍贯、特长等一一牢记。书中还时常夹杂着几句作为经验之谈的口诀，如朝衣蟒袍类的"武补职"，就有如下的文字：

《典业须知》等江南
典当秘籍（哈佛燕
京图书馆藏）

"公侯驸马伯，麒麟白泽裘。一二绣狮子，三四虎豹优。五六熊罴
俊，七品定为彪。八九是海马，花样有犀牛。""武补"是指明清武
官所著的补服（因胸前和背后缀有补子而得名），补子（亦作黼子、
绣胸等，即纹样标识）上织绣有野兽的纹样，以区别于织绣禽纹的
文补（文官补服）。具体说来，不同的补子代表着文武职别及品级高
低。当铺学徒只有通过掌握这些基本常识，再经过对当物长期的查
颜观色，以及临场之随机应变等，方能成为典当业的行家里手。因
此，在传统时代一般民众的眼中，典当铺里的朝奉是很有学问的，
江南民间广泛流传着"徽州朝奉来取宝"的故事，显然并非空穴来
风，它从一个侧面折射出典当铺从业人员的专业特点。

　　严格说来，典当铺有典、当、质、押等不同的等级，但笼统地
皆可称之为典当铺。与"典"相关的"質"字，近代有一个字谜这
样刻画：

头上只有两斤，脚下称来半斤，人都说道奇怪，腰间一目眼精。

这里的"腰间一目眼精"，从字体上看是"質"字繁体中部的那个"目"字，意思是指徽州朝奉除了头上所长的两个眼睛外，柜台之下的腰间还暗藏着一个一目了然的眼睛，言外之意就是徽州朝奉为人特别精于算计，他们通过柜台后的暗箱操作，想方设法低估出典人的宝物，并进而寻找机会据为己有。

另外，旧时度量衡为一斤十六两，所以"質"字也被拆作："头戴三十二两，脚下只有半斤，这个东西古怪，腰上生了眼睛。"——这同样是说典业中人的眼界往往很高，眼光独到乃至刁钻。在当时人眼中，"徽州朝奉"都是些见多识广、智力超群的人物，所以说"腰间一目眼精"或"腰上生了眼睛"。由于有了"第三只眼"，他们能看得出别人所看不到的宝物。

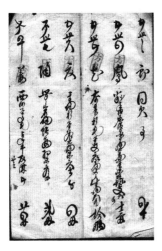

在传统时代，"第三只眼"被称为"内在眼"或"天眼"（慧眼），这在佛教、道教中都有类似的描述，颇具神秘意味。在民间宗教中，具备"第三只眼"的人，往往具有透视事物本质、预言未来的本领。另外，典当业者在登记典当品时，往往以"当字"书写，通

《当草》（王振忠收藏）

常冠以"破烂""碎废"等恶劣字眼，殚精竭虑地将典当品描绘成不值钱的物品，藉以避免日后因典当品损坏而引发的纠纷。书写此类的当字（亦称"当草"）需经过专门的训练，在一般人看来则犹如符箓天书，这就更增加了徽州朝奉的神秘色彩。在高高的柜台前，出典者总是认为自己吃亏不浅，在他们看来，神秘当字的背后，典当品的价值被精明的"识宝"朝奉大大地低估了。大概也正是在这样的背景下，"徽州朝奉来取宝"的故事，在江南各地得到了广泛的流传。

（原载于《文汇学人》2019 年 9 月 6 日）

纸皂代差

（一）

> 暮投石壕村，有吏夜捉人。
> 老翁逾墙走，老妇出门看。
> 吏呼一何怒！妇啼一何苦。
> ⋯⋯
> 夜久语声绝，如闻泣幽咽。
> ⋯⋯

　　唐代诗人杜甫笔下的石壕吏，叫嚣隳突，唯所欲噬，予人的印象至深。

　　在传统时代，吏役是行政运作中必不可少的一种角色。举凡赋税催征，拘拿疑犯，在在皆需吏役。正因为吏役的重要，在许多场合，吏役窟穴其间，上下其手。他们横行乡里，鱼肉百姓。特别是这些吏役下乡，往往剥肤吸髓，破人身家，酿成了无数人间惨剧。"堂上一点朱，民间千滴血"，反映的就是无比残酷的事实。

有鉴于此，在明清时代，不少有识之士，纷纷殚思竭虑地采取各种措施，力图限制吏役的职权。在明代，都察院曾明文规定，行政执法中，先差原告拘传被告，如有抗拒，再差里保，仍拘传不到，才最后动用差役。据明人姜南《蓉塘诗话》的记载，宣德年间，全椒人章惠出任温州平阳知县，他"奉公爱民，理繁就简，凡百公务，不差隶卒勾摄，止用粉板背绘刻隶卒，甲乙为次，传递勾摄，题其板曰：'不贪不食，与民有益。人随牌至，庶免谴责。'人咸信服，不敢稽违。由是案牍清简，囹圄空虚"。粉板是一种约一尺见方的木板，可用毛笔写字，能随写随揩，旧时店铺常用以记事。此种在背面绘刻隶卒形象的粉板，称为"板隶"。根据此处的描述，官员是将此"板隶"传交给当事人，让后者看到粉板上胥吏的形象，便想到自己犯下的过错，目的是警醒他们，让其自动前来投案，以免差役下乡滋扰。

除了这种"板隶"之外，更为盛行的是"木皂"。明嘉靖时人周案出任华亭县令，"其听讼也，不差一役人下乡，即着原告勾摄。不至，则差里长。又不至，则将木皂隶投入其家。判云：此番如不来，头上有乌鸦。无不疾赴。公讯之，无不立得其情，而亦无不叩头詟服。即数十起，须臾而决，讼庭为之一空"。从中可见，当事人收到木皂隶，犹如头上乌鸦盘旋，凄厉鸣叫，这当然是极其不祥的兆头，如不改弦易辙，大难将接踵而至。晚清光绪年间曾国荃主修的《湖南通志》中，记载有丹徒人蒋拱宸，此人于崇祯年间出任新化县令，"催科勾摄，刻木为符，名木皂，用以代役"。明末清初的路振飞，曾授泾阳知县，"革火耗，简狱讼，间有勾摄，民抱木皂隶就讯，已事而去，郡国咸颂青天"。

此类钱粮催征、诉讼勾摄时先行派发木皂的"善政"，及至清代前期仍盛行不衰。清初著名哲学家李塨（1659—1733），在五十一岁至五十二岁时，应汉军旗人杨慎修之聘，两次到陕西富平县佐治县政，他曾建议实行选乡保、练民兵、旌孝节、重学校、开水利等措施，因而政教大行。当时，杨慎修为富平县令，对李塨言听计从。"慎修商征收，先生为立法：与甲长一甲单，催户头，户头一户单，催花户。皆开列粮数，使花户尽知。不到，乃发木皂；不到，乃差拘枷号，完银始释"。当时称为"催科善策"。乾隆时人汪志伊，"初任灵石，病催科扰累，置木皂五十，背书里分数目，以次传递，民争输纳"。著名官僚于成龙，在其《请禁健讼条议》中指出：

> 再饬州县，仿木皂隶之法，凡遇准理词讼，差木皂隶递送乡、保知会，依限赴审。如过期不至，或失落沉阁，先加欺公之罪，后定原、被之案。

这是说举凡诉讼纠纷，州县官就将木皂隶递送基层的乡约、保甲，让他们依限赴审。稍晚于于成龙的沈德潜，在其《归愚诗钞余集》中，有一首《木皂》诗：

> 杏花村里隶人过，木强仪容侧弁俄。
> 知尔贤于栾却后，也同良吏善催科。

在古典诗歌中，"杏花村"既可以是实指，也可以指代所有的乡村聚落。"侧弁俄"典出《诗经》，意指歪戴帽子、东倒西斜的醉态。"栾却"则是先秦时代的历史人物，原为晋国功臣后裔，后因地位下降而沦为贱臣。这一首诗，显然是在描绘木皂的形态——想来，在日常生活中，吏役下乡，酒肉款待总是不可或缺，喝得醉醺醺亦属常事。故木皂隶之制作，便抓住此一生动的特征，意在提醒相关人等，切莫真让吏役催科、下乡扰民的噩梦成为现实。

（二）

除了"木皂"之外，"纸皂"也在行政执法中广泛使用。康熙六十年（1721年），绍兴府会稽知县张我观，在其所著《覆瓮集》中，有一篇《遵行纸皂等事》，文中指出：纸皂之设，主要是考虑到那些愚昧无知、玩梗不化之徒无视法律的行为。在官员看来，这些人的顽固虽然让人厌恶，但他们的愚蠢也颇值得怜悯，所以需要再三晓谕、多方劝诫。设立纸皂的出发点，是为了让百姓各安生业，杜绝讼端。这是因为一旦派出差役下乡，自然少不了酒食需索之费，而且日月耽延，一定会拖累无辜百姓抛业守候。因此他主张，鼠牙雀角之争不得滥准，即使是官员准许受理的案子，也要先让原告"自拘"被告（即自行将被告抓来）。自拘不到，即发纸皂警告，严限带讯，违限签拿。纸皂或是发给原告，或是付给地方上的总甲。

如果有人不及时通知被告，或是当事人抗违不遵、毁弃纸皂的，一并重处，决不轻贷。

笔者读书有限，纸皂究竟源起何时未暇查考。不过，就管见的史料来看，"纸皂代差"出现后，有的是单独使用（如上揭张我观所述），有的则视情况而与木皂分别使用。雍正二年（1724年），德州知州陈留武就"审词用木皂，催粮用纸皂"。除此之外，还有的是将"纸皂"和"木皂"组合使用。清代前期董含在《纸皂行》中曾这样写道：

> 衙役之横，莫甚于吴下。设计肆毒，酷于虎狼。时制府于公知其弊，一应催征，檄用纸皂。不应，则木皂至。虽省需索，而两皂一到，则举家不能安寝。卢君元昌戏作《纸皂行》曰："有皂有皂携纸皂，画成三寸么么小。此皂捉人咄怪哉，皂捉皂今尤绝倒。狗亦不吠鸡不鸣，二皂到家家不宁。五月苦无新谷卖，饿隶索酒嗤空饼。刻木为吏事有无，刀镮墨泼先遥呼。监门鹄面今休绘，怕煞沿家虎皂图。"

《三冈识略》中的这段话，说的是江南一带的衙役非常凶横，常常想方设法地陷害一般民众。当时的地方官洞知其弊，所以在催征钱粮时，先是用纸皂警告百姓，未曾奏效的话，再让人送去木皂。此种做法，基本上杜绝了胥吏的需索滋扰。不过，对于当事人而言，两皂一到，则举家惶惶不可终日。之所以如此，大概是因为江南人本性懦弱，再加上清初的"奏销案""哭庙案"等的持续打击，故而对于官府的催征勾摄，一向畏之如虎。正是因为如此，当时有人遂将纸皂比喻为"纸老虎"。清人陈祖法《古处斋诗集》中就有一首诗写道：

> 纸老虎，狠似木皂隶，
> 吏左手伸纸，官右手如簋，
> 南山白额虎，家家门昼闭。

这首古乐府，就题作"纸老虎"，其题记曰："用以催科。"显然就是指当时的"纸皂当差"现象。虽然说是领纸皂自拘，不用差役滋扰，但对于当事人而言，则仍如倒霉的扫帚星当头，凶猛的白额虎眈眈。

董含为松江华亭人，文中提及卢元昌之《纸皂行》，也为一百多年后的上海县人秦荣光所引证。秦氏还写道：

> 胥差需索弊难防，特创勾提新异方。
> 纸皂抗提添木皂，恍牵傀儡戏登场。

这是说纸皂、木皂之出现，是防范胥差弊端的创新之举。在上海，一旦纸皂、木皂相继登场，当事人往往就如傀儡被人操纵一样乖乖就范。不过，秦荣光在《上海县竹枝词》注中又指出："大吏虑役需索，创为纸皂、木皂，然扰民如故。"可见，尽管一些颇具恻隐之心的官员以纸皂、木皂取代真实的胥役，但仍未能杜绝胥役的横征暴敛。不过，无论如何，可能是纸皂的形象相当深入人心，早在清代前期，在苏州的虎丘山塘一带，就有"赪面泥美人，空心纸皂

吏"的形象——捏塑中的纸皂吏，曾给史学家赵翼留下了极为深刻
的印象。

（三）

在清代，县级行政运作中出现了一些新的变化，如征收钱粮中
的自封投柜，以及滚单、纸皂之例。所谓自封投柜，是指清初为了
严防不法官员滥用职权，随意多征或重复收税而采取的措施。顺治
八年（1651 年），苏松巡按条奏征收钱粮八事，其中之一就是请求
建立纳户自封投柜的制度，以防止地方上经征的官吏、差役从中强
索侵肥。此后，各州县经征各项钱粮，均设立一银柜，加钤司、府

吏役差拘

印信，民户交纳之银钱，皆自行投入柜中，吏役人等皆不得假手其间。此外，纸皂、木皂催科亦成为较为普遍的做法。

关于木皂，未见有实物。而纸皂，则在徽州文书中颇有所见。十数年前，笔者在皖南某古玩店曾见一清代纸品，上题"奉宪设立省差滋扰票"，其上的文字为：

> 祁门县正堂加三级蔡，为钻废吓骗等事。据郑凤养告前事，随批：准提究在案，合行票拘。为此，仰本告即持纸皂前去，协同该地乡保，立拘后开有名人犯，限十三日投到，听候本县示期审讯。如敢违限抗拘，定即签拿重究，速速！须票。
>
>　　计拘：倪荣辉、黄祥（即有贞），以上被犯；程发仁
>　　　　　（印契），以上干证。
>　　右票仰本告协同乡、保，准此。
>　　雍正拾贰年叁月十一日……

今查祁门县志，雍正十年（1732年）至十二年（1734年）间，祁门县令为举人出身的镶黄旗人蔡维义，他于离任前签发的"纸皂代差"信票，其左下角有一木刻水印的差役形象。其内容则是让原告持此"纸皂"，协同该地乡约、保甲，拘拿被告人犯。个中提及，被指控的倪荣辉、黄祥（有贞）二位被告，必须于十三日内投案。

上揭的木刻水印之差役形象较为模糊，比较清晰的木刻，则见有其他的两例。一例是清乾隆七年（1742年）二月的《歙县（正堂）催粮纸皂》，内容是限期捉拿三十三都一图四甲欠粮顽户胡寿元，其上有颇为清晰的版刻。此外，在安徽省黄山市的徽州税文化博物馆，收藏有一张品相极佳的印刷品。（见文前彩插）

这张印刷品右上长框中写着"纸皂代差"，左边下部画着一个头戴暖帽的清代差役，右手举着"专催欠户"之牌，左手则提着一长串绳索或镣铐，其上有"不用酒饭，专催玩户，如再抗延，签拿究比"的字样。如此形象，意思是对当事的欠户先礼后兵。"不用酒饭"，当然是相较于真实差役下乡而言。右边纸皂上的正文，则密密麻麻地写着官府的催缴通知：

> 署歙县正堂加三级陈，为严催速完新旧钱粮，以免差扰事。照得乾隆十四年分钱粮南米已届全完之候，立等支解。其十三年钱粮南米，又奉督宪奏明，勒限一月全完，均难刻缓。今仍抗欠如故，本应按户拘追。第发一差，即多一扰累，本县洞悉民隐，再四踌躇，姑发纸皂传催。为此仰该户，纸皂一到，务将本名下未完乾隆十三、十四两年银米分为五限，每限完二分，依期照数全完，将比串同纸皂缴销。倘仍抗延，即立拿正身究

追外，仍查该户名下乾隆元年至十二年止未完银米，一并严押通完，以儆积玩。如将十四、十三两年银米依限全完，尚为急公良为，积欠谅亦踊跃完纳，本县又何忍再为差追？尔花户宜体本县省差便民、口字催科之苦衷，勿再迟延观望，慎速！须票。

计开：

卅五都一图一甲粮户吕国相

   欠乾隆十四年银一两五分五厘

  南米

  欠乾隆十三年银

  南米

乾隆十四年九月   日给

……

  此处提及的三十五都与上揭的三十三都皆属歙县南乡。在传统时代，徽州歙县四乡风气差别较大，在四乡中，南乡地域范围最大，风俗亦颇强悍，民间素有"南乡蛮"之谚。今查徽州都图文书，三十三都一图对应的村落为歙南苏村，而三十五都一图对应的地点则是歙县大阜。这些村落，都是老杭徽公路沿途的必经之地。当地地处交通要道，人员流动较为频繁，而吕姓又为本地的一大族姓，抗欠钱粮并非罕见的现象。

  此一"纸皂代差"文书，上面写有真实的姓名，并钤有官印，应是实际执行过程中形成的实物。关于这一点，也得到了文献的佐证。早在康熙年间，徽州休宁知县廖腾煃在其所著的《海阳纪略》

安徽歙县大阜
（王振忠摄）

中，就有《申饬原告自拘示》和《告词条规示》等，其中就提到：
休宁县健讼成风，为官者既不能使民无讼，只能在诉讼实践中想方
设法解救民众。他说，向来两造告状，官府一定要派皂快前往拘提，
事无大小，而皂快视为奇货，需索酒食、路费，贪得无厌。为此，
他颁布告示，规定此后凡是不得已打官司的，就发给纸皂纸牌自拘：
原告领牌，亲自交与该保甲，保甲即交被告，逾期不到应诉者，责
被告。倘原告匿牌不交，诳禀添差者，即拘保甲讯实，除告词不准
外，仍将原告加倍惩处。若是保甲匿牌不交者，与之同罪。关于廖
腾煌的行政实践，不仅见于传世的《海阳纪略》，而且，在徽州文
书中也有着明确的记载。已故的著名"徽学"专家周绍泉先生，曾
利用中国社会科学院历史研究所珍藏的一册徽州文书，专门研究过
十七世纪晚期的一桩诉讼案件。根据他的研究，康熙年间休宁发生
"胡一案"，儒学生员李炳、李同，状告李家世仆胡一之子胡得寿强
奸朱三德之媳余氏，要求县令拘究胡一等，"惩奸锄凶"，以期"振

纲肃纪"。对此，廖腾煃批示曰："准纸皂拘！"此一批示说明，"纸皂代差"在清代前期的徽州的确实施过，而这当然也从一个侧面印证了上揭文书的真实性。

（四）

清代官府执法中的"纸皂代差"，是一种颇为理想化的制度设计，它希望小事由乡族调处，大者才用"纸皂代差"，这样做不仅可以减少差役扰民，而且对于违法者也是先礼后兵的一种警告。当时，官府和士绅通过各种方式劝导民众息讼。例如，清代流传于徽州的

"劝民息讼歌"（民间日用类书抄本，王振忠收藏）

"劝民息讼歌"中就唱道：

> 世间有事莫经官，人也安然己也安然。
>
> 听人刁唆到衙前，告也要钱诉也要钱。
>
> 差人奉票又奉签，锁也要钱开也要钱。
>
> 行到州县费盘缠，坐也要钱睡也要钱。
>
> 乡约中证日三餐，茶也要钱烟也要钱。
>
> 三班人役最难言，审也要钱和也要钱。
>
> 自古官廉吏不廉，打也要钱枷也要钱。
>
> 唆讼之人实可嫌，赢也要钱输也要钱。
>
> 听人唆讼官司缠，田也卖完屋也卖完。
>
> 食不充口衣不全，妻也艰难子也艰难。
>
> ……

在当时人的印象中，官员或是由科举正途出身，或是殷实人家捐纳而成，相对而言知书达理，行事亦多顾忌。而吏役则出身卑微，浑然不知礼义廉耻之所在，为人处事自然是无所不用其极。也正因为如此，"纸皂代差"之出现，目的就是为了让迫不得已打官司的百姓，能尽最大可能地减少差役滋扰。对此，清代前期著名官僚于成龙就认为，"使百姓省一分之差费，即可早完一分之正供"。从其初心来看，这是一种便民措施，也通常被视为为官一方的德政。不过，一方面，在现实生活中，涉嫌违法者可谓五花八门，其中，循规蹈矩的"良民"固然不少，但钻山打洞之"刁民"想来亦不乏其人。因此，无论是纸皂代差还是木皂代隶，其实际效果仍然并不理想。

从黄山白岳到东亚海域

明代余自强甚至认为"木皂隶无用",他在《治谱》中指出:

> 木皂隶不要钱,不要酒肉,设此法者,其意良苦,然木皂
> 隶去几次而人不至,非活皂隶去,能知木皂隶在谁家乎?

木皂隶如此,纸皂恐怕亦不例外。揆情度理,无论是木皂还是纸皂,都只是一种类似于时下"整改通知书"那样的东西,目的是希望当事人自觉遵纪守法,但其实际成效如何却颇多疑问。想来,自古迄今,"老赖"从来都不曾少过。

而在另一方面,差役总在想方设法、寻找扰民的机会。根据理想设计,以纸皂自拘,两造至,直接由官员判定是非曲直,而不假手于吏役。不过,原告与被告常常视如水火,仇人相见,分外眼红,势必会引发争执。在这种背景下,原告很可能就会勾结吏役,撕衣毁票,将事情闹大,以激怒官府,从而使得事态变得不可收拾。这就为吏役的正式介入,创造了充分而有利的条件。对此,清代褚人获深有感慨地说道:"今纸皂虽设,而隶卒之需索如故,名存而实亡矣。"

在清代的官箴书(如黄六鸿的《福惠全书》、陈朝君之《莅蒙平政录》等)中,都曾提及"纸皂牌式",这说明纸皂代差的做法颇为普遍。以徽州的实际情况来看,就在各地广泛推行木皂、纸皂代差的同时,在清代前期的婺源,抄本《控词汇纂》则为我们展示了另外的一幅画面:"柜上交粮,名虽自封投柜,实出六房书办。"雍正四年(1726年),当地"奉抚宪魏大老爷严禁滥差扰民",规定是以纸皂和木皂征收钱粮。但在实际上,婺源县的催征,仍然是滥用图

差、正差、帮差、限差、籤差名色，以至于东、西、南、北四乡，"山陬僻壤，无一地而无差，无一日而无差。正供之外，差费数倍，百姓无何，实有告流不能、求生不得苦况"。苛政猛于虎，基层民众最为切身的体会，就是衙役下乡的滋扰。这一点，无论是"木皂代差"还是"纸皂代差"，都未能真正杜绝。

看来，理想化的制度设计虽然看似完美，但在执行过程中，实际上所面临的社会现实却颇为复杂。

（原载于《文汇学人》2017 年 6 月 23 日）

风雨沧桑屯溪桥

　　入梅以来，江南多地狂风急至，骤雨倾来。2020 年 7 月 7 日上午，历尽沧桑的屯溪镇海桥，在浊浪悲嘶中被彻底冲塌。消息传来，曷胜惊骇！回顾这老大桥的前世今生，不禁扼腕叹息——2019 年 10 月，镇海桥刚被国务院定为全国重点文物保护单位。然而仅过半年多，此一承载着屯溪山城数百年历史记忆，且与 20 世纪徽州文书之发现有着重要渊源的七孔石桥，其桥体之绝大部分已然珠沉玉碎，尽付洪流。此一变生不测，成了所有关注徽州者永远的心头之痛……

晚清民国时期，在皖南曾流行过这样的一首民歌：

　　哥啊哥！
　　送汝一根金，买谷买良田。
　　谷放仓里仓仓满，谷放坛里坛平舷。
　　买田要买金丝土，买地要买黑沙湾。

晚清开设在屯溪老街上的茶庄之合约（歙县芳坑江氏茶商文书）

做屋要做三层楼，开店要开两三爿。

茶庄开在徽州府，生意做到屯溪街。

……

这首题作"屯溪老街"的民歌，送出的是新娘出嫁时对家中兄长的祝福，反映了一般民众的发财美梦——在徽州，"十户人家九为商"，将茶庄开进府城，把生意做到屯溪街，是许多人世代梦寐以求的理想。

（一）

按照徽州人的说法："溪者，水也；屯者，聚也。诸水聚合，谓

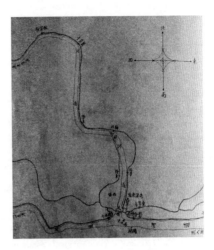

三江汇聚的老大桥，
《屯溪南水卡裁撤案
由》(1922年)

之屯溪。"横江与率水相聚于屯浦，二水汇流，也就孕育出临江的肥沃谷地屯溪。而由屯溪顺流而下，由新安江可到浙西乃至杭州；逆率水而上，可抵休宁之上溪口；若溯横江而北，还可到达黟县之渔亭。河水之蜿蜒流淌，送走了山林竹木土特产品，也带来了源源不断的金银财富。

　　作为商业市镇，屯溪的历史可以追溯到元末明初。最早见诸记载的是来自休宁率东的盐商程维宗（1332—1413），他在屯溪建造了店房四所，共屋四十七间，以招徕商贾。可能就在此时，屯溪已成为徽州府重要的物资集散地之一。根据当代人的研究，现今老大桥头紧连的一段曲尺形街道原名"八家栈"，据说当年就是程维宗兴造店屋之处。当时，除了部分自营商业之外，程维宗还开设了八家堆栈以存放货物，"八家栈"之名即由此而来。可以说，老大桥头的八家栈，是屯溪老街之滥觞，也可称得上是整个屯溪城镇的发祥地。

　　在程维宗建造店房的时代，横江与率水交汇之处是否建有桥梁，因书阙有间难以确知。不过，由著名学者程敏政纂修、弘治四年（1491年）刊刻的《休宁志》中，就已有"屯溪桥"的记载，推测当初应当只是架木为桥。嘉靖十五年（1536年），毗邻八家栈的石桥——镇海桥建成，屯溪老街更是日趋繁盛。对此，著名文学家汪道昆有"十里檐乌万里竹"的描摹，显见此处行舟鳞次栉比、商贾纷至沓来之盛况。至迟到十七世纪末，屯溪老街连同老大桥以西的西镇街、黎阳街，已形成"镇长四里"的规模。此后，"皖南巨镇首屯溪，……商贾辐辏闤阓繁"之说，更是蜚声远近。迄至今日，屯溪老街的核心地段东起青春巷口，西至老大桥，全长在千米上下，其巷宽为五至八米不等，主要包括一条直街、三条横街和十数条小巷，整个街区由不同年代兴建的数百幢徽派建筑构成，街衢巷陌之布局犹如鱼骨架般渐次展开，沿线居廛列肆，商贾持筹握算，客流熙来攘往，故后人不无夸张地誉之为"活动的清明上河图"。

毗邻老街西端尽头，嘉靖年间建成的镇海桥为六墩七孔石桥，又称"屯溪桥"或"屯浦桥"，民间俗称作"老大桥"。该桥连接着屯溪老街和对岸的西镇街，桥身长一百数十米，桥面、桥栏等皆以新安江下游淳安县茶园镇（今已沉入新安江库区）所产的"茶园青石"铺设。从康熙《休宁县志》卷首之"屯浦"图可见，清初此处即是一派帆樯林立的景象，颇为繁盛。

十九世纪中叶，英人罗伯特·福琼（Robert Fortune，1812—1880）受皇家园艺协会派遣，曾四次来华展开调查。协会命他从中国引种野生或栽培之观赏植物及经济植物的种子，收集花园、农业和气象情报资料。作为茶叶之乡的新安江流域，是他必到的区域。他在后来所著的《两访中国茶乡》(Two Visits to the Tea Countries of

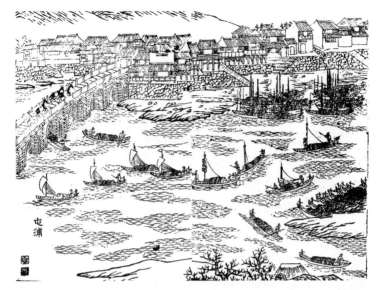

十七世纪晚期的老大桥与屯溪河街

China and the British Tea Plantations in the Himalaya）中，对于屯溪
有不少描述。1848 年，福琼写道：

> 屯溪是个很繁荣、很忙碌的市镇，⋯⋯因为江水很浅，无
> 法再往上游行驶，所有杭州、严州来的大船都需靠在这儿上下
> 货物，所以这儿也就成了一个贸易中心。几乎所有的绿茶都在
> 这儿装船，沿着新安江顺流而下运往杭州，然后再转运到上海。
> 运往广州的绿茶则要向西先翻过一片山岭，那儿有一条流往鄱
> 阳湖方向的河⋯⋯

对于屯溪的商况市景，福琼有着较为细致的观察。他说当时屯

溪最大宗的贸易商品是绿茶。当地有相当多的茶商，他们将收购来的茶叶加工、分类，然后运往上海或广州，在那再卖给外国商人。屯溪和周边人口稠密的地区，可以说都是受益于洋庄贸易而兴盛起来。不少茶庄和茶行，均分布于老大桥附近的屯溪老街及河街沿线。

清末民初日本东亚同文会也曾对皖南做过详细调查，其报告中还专门提及老大桥的情况："该桥长27丈，阔一丈八尺，全部石造，桥台凡六座，水门之高一丈八尺。建于明嘉靖十五年，工费一万六千元（两）。其后修缮工事，则由当地商贾公同担任云。"

1934年，著名文学家郁达夫前来屯溪，写下了《屯溪夜泊记》的名篇：

> 屯溪是安徽休宁县属的一个市镇，虽然居民不多——人口大约最多也不过一二万——工厂也没有，物产也并不丰富，但因为地处在婺源、祁门、黟县、休宁等县的众水汇聚之乡，下流成新安江，从前陆路交通不便的时候，徽州府西北几县的物产，全要从这屯溪出去，所以这个小镇居然也成了一个皖南的大码头，所以它也就有了"小上海"的别名。"生意兴隆通四海，财源茂盛达三江"，这一副最普通的联语，若拿来赠给屯溪，倒也很可以指示出它的所以得繁盛的原委。

郁达夫的皖南之行，是与林语堂、潘光旦等人连袂同行。他们抵达屯溪当晚，夜泊于江上船家，浮家泛宅，暂托栖依。郁氏对于鳞接水次的老大桥，有着颇为深刻的印象："屯溪的街市，是沿水的两条里外的直街，至西面而尽于屯浦。屯浦之上是一条大桥，过桥又是一条街，系上西乡去的大路……我们的泊船之处，就在离桥不远的东南一箭之地。"也正在老大桥附近，郁达夫于残灯无焰的船舱之内，在朦胧梦里触景成吟：

> 新安江水碧悠悠，两岸人家散若舟。
> 几夜屯溪桥下梦，断肠春色似扬州。

皖南的屯溪，与江南之扬州，二处山水佳胜，风景依稀。这首绝句生动地刻画了新安江的朦胧夜色，也使得屯溪桥之名从此蜚声远近。

（二）

当年，郁达夫在旧货铺里买到一部歙人吴殿麟之《紫石泉山房集》，而同行的林语堂，则在古董店内购买了一些核桃船、翡翠、琥珀以及碎白瓷。其时，在老大桥附近，开设有不少旧书店和古玩铺。根据后人的回忆，民国时期比较著名的"王瑞庭古玩寓"，也就位于屯溪街附近的老大桥近处。

除了老街上那些手握重赀、囊怀珍宝的古董店主之外，在老大桥上更有不少计觅锱铢的流动摊贩。1929年5月1日，《申报》上有一篇"斅厂"所写的《屯浦桥上之珍物》，讲述了一个淘宝拣漏的故事。文章首先叙及屯溪桥上的旧货摊：

皖南之屯溪镇，商贾辐辏，市面繁盛，为由浙入徽必经之所。镇上有一石梁名屯浦桥，长凡六十余丈，阔五丈余，桥上遍设旧货摊。相传诸摊中，每年必有一家发现一珍贵之物。顾未遇主顾前，皆不识其为宝也。

这位笔名为"戤厂"的人接着讲述：数年前，浙江余杭"同和典"伙友范某，由休宁故里出发前往余杭。途经屯浦桥时，看到桥上某旧货摊上有鹤形金属烛台一副，其外表涂有火漆，标价仅只两元四角。想来，摊主是将它视为铁质。但内行的范某拿到手上一掂量，感觉其重量不像是铁质。仔细观察，发现除了鹤首为铜质，其他部分都是金的。此一烛台系上下二截，上截之鹤首可以摘下。范某认为铜质部分并不值钱，于是就跟摊主讨价还价，砍下一些价钱后，便买下了烛台之下截。范某购得后喜不自胜，就带着它由新安江东下。同舟数十人皆是同乡，也都是外出的徽商。捡漏拾宝的范某很是得意，于是将烛台拿出，向舟中诸人炫耀，并详细叙述了购买时的情形。对此，同舟者莫不艳羡，都认为他很能干，范某亦欣然自得。同船有位姓汪的，是江南某典当铺之头柜朝奉，他看了看烛台，又听了范某之讲述，就向后者问了该烛台买自屯溪桥上的哪个摊位，范某亦如实告之。翌日，舟抵严州，汪某忽然对船夫说：我有件重要东西遗忘在家里，必须返回去取。说罢，就将行李托船夫运至杭州江干，寄存在当地的某木行，说不久后自己会前往自取，并付给船夫到达杭州的船资。船只靠岸后，汪某就匆忙登陆，日夜兼程地赶回屯溪。到了老大桥，发现那对铜质鹤首，仍在旧货摊上尚未售出。汪某稍加鉴别，就用小银元数枚买来，并带往上海滩，卖给某珠宝商，所获利润数倍于范某之烛台。原来，当初汪某在船上看到烛台，又听了范某的讲述，心里暗想：这样的烛台，其上截鹤首一定会有珍品。有鉴于此，他假托返家取物，急忙回到老大桥旧货摊。及见鹤首，果然不出所料，两个鹤首之目系猫儿眼做成。后来，买了烛台下半截的范某亦听闻此事，既悔且惭。有人向他问起这件事，他只能以自己福薄聊以自慰……

上述这个故事，其实是明清以来江南各地广为流传的"徽州朝奉来取宝"故事的本土版，对于旧货价值的高低，实端赖于淘宝者个人的眼光。

民国时期，随着旅外徽商之衰落，徽州经济繁华歇而沧桑易，大量文物古玩遂流入市场。特别是抗日战争爆发以后，江浙各地沦陷，一些政府机关和文化机构迁入皖南山区，遂使屯溪山城人口陡然大增，一时间人烟稠密，车马喧阗。抗战胜利后，有人在一篇文章中回忆："因为屯溪一带是中国旧文化一度发达过的地方，同时，又因为屯溪人在中国各地经营典当业的很多，所以民间收藏的古玩和书画很富。近年来，此间人民，经过一段抗战时期的困苦生活，把家藏的古物都拿出来换米吃，因此，屯溪的古玩店生意很好，在抗战期内，旅屯的达官贵人，都喜欢搜购些书画古玩……"（邱金茂：《屯溪风光》，载《现代邮政》1948年第3卷1期）由于徽州是文物之海且物美价廉，旅居皖南的不少官僚和文人如鱼得水，这也刺激了当地旧货市场的极度繁荣。据估计，当时在屯溪以贩卖文玩为生的小贩就有一百多人。1942年，屯溪警察局指定老大桥头和民生路、民权路和民族路（即老街上、中、下马路）等地，为临时摊贩摆放场所。于是，在老大桥等处遂形成热闹非凡的地摊市场。1946 年的上海《海光杂志》上连载有《屯溪竹枝》，其中有一首这样写道：

> 屯溪桥下水明沙，桥上时时走汽车，
> 旧日此间陈百戏，今朝何处听琵琶。

诗注曰："屯溪桥为旧时百戏杂陈之地，儿时过此，有老人携幼女挟琵琶，鬻歌自给，而今亡矣。今为交通孔道，惟时闻贵人之汽车喇叭呜呜声耳。"所谓百戏杂陈，反映了老大桥上的热闹场景。1949 年以前，在屯溪，文物经营除了老街上的古董店、当铺和珠宝店外，绝大多数是以地摊形式交易，老大桥头及周边西镇街、老街上的一些地段，便是摊贩麇集之处。一时间，断碑残碣破瓷碎玉，遗编断简秘藏孤本，琳琅满目，纷然杂陈。此种情形，一直持续到五十年代。

（三）

二十世纪五十年代，随着土地改革运动在皖南轰轰烈烈地展开，徽州城乡各地的古籍、文书除有不少被焚毁外，还有大批流入市场，很多被当作废品，用以制作鞭炮、纸浆和农副产品的包装纸。有不少契约文书被村民订成账簿使用，后被走村串户的小贩廉价收购，摆在老大桥附近的书摊上作为废纸求售。

1956年前后，上海旧书商韩世保前往屯溪收购古籍，他在当地书商余庭光的陪同下，时常光顾老大桥头淘购旧书。而从此处购得的徽州古籍，有一部分辗转到了文化名人李一氓、郑振铎和康生等人手里。其中，韩世保与著名收藏家郑振铎的关系尤为密切，后者从他那里听说徽州很多珍籍流入市场，并遭受空前的破坏，马上就在各种场合要求文化部门，要从废纸堆里抢救文献。郑氏时任中华人民共和国文化部副部长，当时的文化部立即派出干员前往安徽、江西等地实地调查，抢救古籍。另外，他还找到当时的安徽省委书记曾希圣，希望后者能采取措施保护珍稀古籍。正是在这种背景下，合肥、芜湖、屯溪和安庆四个地方成立了专门的古籍书店，负责抢购、搜集、管理该四处发现的古籍。

其中，屯溪新华书店于1956年9月，下设新的古籍书店，其正式办公地址位于屯溪老街三马路，此处即靠近老大桥，专门收购徽州文献。由此，揭开了徽州文书第一次大规模发现的新序幕。这些在皖南发现的古籍、契约，或由屯溪古籍书店直接售出，或是经过

徽州文书：二十世纪中国历史文化的重大发现之一

北京中国书店、上海古籍书店这一脉络流通到全国各地。

在二十世纪五六十年代，大批文书陆续被各图书馆、博物馆、档案馆和大学研究机构收藏，这可以说是徽州文书的第一次大规模发现。据已故的"徽学"专家周绍泉先生多年前的估计——以此次大规模发现为基础，已被图书馆、博物馆、档案馆等国内收藏机构收藏的徽州文书大约有 20 万件（册）。由于学术界对于徽州文书的分类及统计，至今尚未形成统一的标准，所以有人对此存有不同的意见。不过尽管如此，作为粗略的一项估计，这个数字基本上还是反映了当时徽州文书发现的规模。

徽州文书所独具的优势在于：具有相当规模的同类文书前后接续、自成体系，而且各类文书又可彼此补充、相互印证。因此，徽州文书的大批发现，为人们开启了明清以来中国社会文化史、经济史研究中的许多新课题，使得以往无从下手的许多研究，一下子增添了不少内容翔实而生动的新史料。这些契约文书，是历史学者研究南宋以来（特别是明清时代）中国历史文化的珍贵史料，也是时下方兴未艾之"徽学"研究形成的基础。

（四）

新安江是徽州的母亲河，横江与率水汇合之后所形成的干流——渐江，有时亦可笼统地称之为新安江。而六墩七孔之老大桥，也正守护在三江合流之处。

从方志记载来看，屯溪老大桥由来已久，即使从明确记载为石桥的嘉靖十五年（1536年）算起，迄今也已有将近五百年的历史。1991年再次重修该桥时，屯溪区政府立碑为记：

> 是桥东系屯溪老街，西连戴震故里，仰视华山秀色，俯瞰三江清流，朝来溪山凝雾，暮至屯浦归帆，昔为海阳八景之一，今乃一邑之标志。

文中的"海阳"为休宁之别称。明清时期，屯溪是休宁县下辖的一个商业市镇。当时，人们以桥取景，遂有"海阳八景"之一的"屯浦归帆"。对此，清人查锡恒、徐大纶等都作有同名诗歌，其诗或曰"碧水萦洄最上游，垂杨夹岸舣归舟"，或曰"渔翁爨汲春波

民国时期的老大桥旧影

二十世纪八十年代的老大桥

绿，估客樯连夕照街"。从诗歌的吟咏中可见，徽州山青水秀，江回峰转，暮霭苍茫之中，烟波渺渺，屯浦十里江面上帆樯林立，桅火与街灯相映成趣。"屯浦归帆"所营造出的意象，很大程度上是一种心灵的慰藉——外出务工经商的徽州人，每当望见老大桥，便会油然而生倦鸟归巢的依恋。

依河傍岸的老大桥建成后，于率水、横江的清流潆洄中，倒影波心，别具风景。近数百年来，它目睹了徽商的鸿图创始和乐善好施，旁观了屯溪老街的尘市纷纭及盛衰递嬗，亦见证了徽州文书之大规模发现与渐次流散，更经受住了无数次惊涛骇浪的冲击和考验……然而，2020年7月7日上午将近10点，在连日暴雨的肆虐下，历尽沧桑的老大桥垮塌了！从当日各种图片和视频来看，许多市民焦灼地聚集在江岸边，目睹危象迭起而惊呼连连，对于大桥的最终垮塌扼腕叹息。

庚子之年，灾生祸作。连日的雨骤风狂，颇令世人震撼。面对滔滔洪水，黄山当地基层干部和群众奋勇抗灾的勇气和精神令人钦

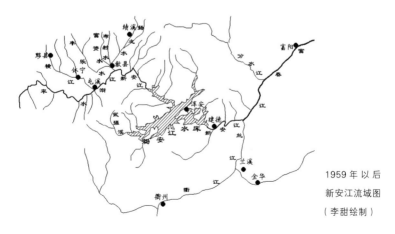

1959 年 以 后
新安江流域图
（李甜绘制）

　　　　　　　　从黄山白岳到东亚海域

佩。但观形察势，人们也不禁痛心地追问：历史悠久的老大桥之垮塌，与上游近期的环境、水文变化及其相关冲击是否有关？2018年早已预定对大桥的维修，如果有关方面能在随后的两个枯水期间加紧对移位桥基加固维修，是否能够避免大桥最后的坍塌？而在大灾面前，皖、浙二省在防洪方面究竟应当如何相互协调？下游新安江水库若更早地开闸泄洪，是否能够避免此一悲剧？……

这些，当然都有待于水利、古建等多方面的确证。但无论如何，此一承载着数百年历史记忆，且与二十世纪徽州文书之发现有着重要因缘的老大桥，其桥体之绝大部分皆已珠沉玉碎，尽付洪流，这将成为所有关注徽州者永远的心头之痛。

（原载于"澎湃·私家历史" 2020 年 7 月 12 日）

历史劫难的流传与记忆

（一）

"民国十八年，土匪到祁门。清明前一日，土匪到屯溪。屯溪烧得光，先烧德厚昌。屯溪烧得穷，祸起汪仲容。屯溪烧得苦，碰着朱老五。"在民间，这首脍炙人口的民谣，诉说的是九十多年前徽州历史上的流光碎影——1929年4月4日，安徽东至人朱富润率领一百多人自休宁到屯溪，他们向当地商团要枪未遂而纵火焚烧，将屯溪市镇精华毁于一旦，这就是民国年间著名的"朱老五火烧屯溪街"事件。

关于"朱老五火烧屯溪街"，当年国内的诸多报章皆有报道，大多称之为荆棘时局中的一次"浩劫"。而在徽州民间，亦遗存有记录此次飞灾横祸的两种唱本。其中之一封面题作《朱老五（官字）调本唱》，另有"壬申年"字样，壬申年即"1932年"。而在书中，文本末尾注明"项烺炘抄本完了"十字，由此可见，该书显然是事件

　　　　　　　　　　　　从黄山白岳到东亚海域

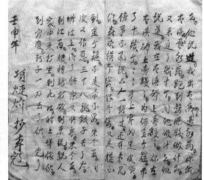

1932 年抄本
《朱老五（官
字）调本唱》

发生后三年内所创作的本子。

　　另外一种曲本则直接题作"朱老五"，封面除书名外，另有"汪洪陞抄"的字样。此外，还标有"闹徽州唱曲本"六字，末署"民国廿八年"，说明该书当为 1939 年的抄本。二书之内容大同小异，但在文字表述上仍有一些差异，显然是由不同的人分别抄录的本子，反映了朱老五事件发生后三至十年间民间不断传唱与传抄过程中产生的文本歧异。

1939 年抄本
《朱老五》

从文字表述上看，晚出的汪洪陞抄本显得更为通顺。该书首先以"西皮倒板"唱道："朱老五，在东流，威风凛凛。"所谓西皮倒板，也作"西皮导板"，是指京剧中的一种唱腔，多用于大唱段开始的地方，起开导之用。西皮倒板的节奏自由，便于抒发情感。在传统剧目中，主要角色通常是在激越奔放的倒板之后闪亮登场……

（二）

朱老五入徽事件的主人公叫朱富润（又名朱义材），因在拜把兄弟中排行第五，故一般人通称他为"朱老五"。

二十世纪八十年代中叶，徽州地区地方志办公室编有《徽志资料选编》（未公开出版），该书话及桑梓旧事，如数家珍。其中收入了事件亲历者之回忆以及当地学者的调查报告，颇为细致地勾勒了朱老五入徽的整个过程。以下，就结合唱本及新见的现代报刊资料，对此作一较为全面的概述。

据说朱老五生于1895年，为安徽省东流县（今东至县）朱家村人。此人出身贫寒，曾在三十三军第一团当过营长，后被遣送回家，他纠集当地的一些人，打着劫富济贫的口号，活跃于丁香树等处的深山僻坞。1929年3月31日，他率部一百余人，身披白布，手持步枪、刀矛，举着红旗为前导，号称"天下第一军"，翻越赤岭进入徽州，抵达祁门县历口。

历口是祁门西乡的重镇，也是"祁红"的重要产地。其时，正值红茶登场，原本是当地一年中最为繁忙的季节，不速之客的出现，令诸多商人深感不安，他们纷纷闭门弃店，四处逃窜。朱老五找不到有钱人，就在历口随机寻找一些高门大店纵火泄愤，一时间烽烟四起，数十家茶号、店铺惨遭焚毁。随后，在弥漫烟雾中，他又率部朝着祁门县城进发。午后，朱老五一行抵达小路口，派人捎信至祁门县府，称要"借路趋屯"。根据1984年祁门县老中医谢振道（时年83岁）的口述回忆，当时，祁门县只有自卫队枪支八十条，其中尚有不能点火者。除此之外，还有商会枪支十条，以及分布在县境各地、缓不济急的二百余支猎户枪支。对此，刚刚到任七天的县长詹纯熙自知汲深绠短，寡不敌众，遂于翌晨派谢振道等人赶赴小路口，卑声下气地表示愿意奉送朱部五至十万元的"茶仪"，恳请他们绕道而行，以免祁门县城遭受兵灾。

在历史上，花钱消灾是徽州人每逢战乱的常见应对策略。明清

赤岭、历口、
小路口示意图
（李甜绘制）

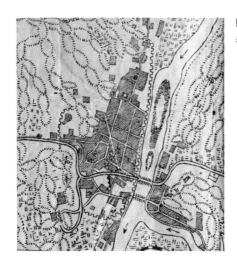

民国时期的
祁门县城地图

鼎革、鸦片战争和太平天国时期，活跃在扬州的徽商就先后以此与清军、英军和太平军周旋过。不过，对于这样的建议，朱老五予以断然拒绝。听到此一消息，祁门县府的县长、公安局长等纷纷逃遁。4月1日，朱老五率部进入祁门县城，焚烧了县署、公安局及王永顺木器厂，同时没收了洪源永茶栈的大量资金作为军需。对此，汪洪陞本《朱老五》唱本接着以"西皮流水"唱道：

> 到祁门，遇着了弟兄不多个。开牢门，放犯人八十三四个。
> 上街去剃了头，换上新衣服，背了枪，带火药，骑马望前跑。

"西皮流水"也同样是京剧的声腔，其流水板式为四分之一拍，俗称"有板无眼"，最适宜用作叙述的唱段，表达轻快或慷慨激昂的情绪。的确，唱本《朱老五》在此后皆是叙述的唱段——朱部进入祁门县城后，首先释放了监狱中的囚犯，让他们剃头换衣后加入自己的队伍。4月2日，朱老五率部进驻黟县渔亭镇。他在当地搜罗枪支弹药，没收富商财产，焚毁了益泰当铺，大火并殃及镇上的布店、衣庄和药铺等。黟县县长闻警，立即组织力量扼守城南天险，以防朱老五率部攻打县城。在旧徽州的一府六县中，黟县是个荒僻小县，交通极为不便，一向易守难攻。朱老五见状，亦不披莽深入，遂继续东进，于4月3日在齐云山麓与休宁县警队交火，后者一击即溃。朱老五率部乘胜追击，突破了多道防线，并顺利进入休宁县城。对于此一过程，《朱老五》这样唱道：

> 到渔亭，向商家，要枪、要火药，唬得那商家们，望前来藏躲。刘老四，拿起洋油来放火。朱老五，叫弟兄，岩脚来候着。休宁县，听此话，心里来急着，打电话，到屯溪，特来要救兵，叫商队，和警察，一及［起］来保着，保着我，休宁县，以免来经过。屯溪商，回电话：不能来保着，吾商队，和警察，要保我乡镇。要我来保你，万万都不能！休宁县，听电话，心里来急着，打起包袱一及［起］来逃走。朱老五，带人马，来到休宁县，到县里堂上，一及［起］来打坐。叫弟兄，放犯人，八十有几个，到大堂，见弟兄，一齐来开锁，叫他们，上街去，剃了头，换衣服，叫弟兄，到面馆，大家来吃着。吃好了，背了枪，连带枪子药。朱老五，叫弟兄，两下来分开。分开了，两班人，各各望前跑。一班人，望万安，前去来经过。一班人，望姚溪，一及［起］打中伙。后面来了四十个，保卫先锋一勇队，两下开火，逞威风，一枪把那渡船来打破，点点保卫队，

死了七八个。

朱老五进入休宁县城后，仍旧故伎重施，释放了狱囚数十人，以壮大自己的队伍。在城里，他四处搜索县城各机关，并放火烧毁县署。休宁县长见状，慌忙乘混乱逃之夭夭。除了打击地方政权外，朱老五还没收了布庄、衣铺及洋广京货店的资财。接着又分兵两路，其中一路与赶来的屯溪商团四十余人展开激战，不久，后者即被击溃，多人尸横在地，血溅尘埃。乘此大势，朱老五遂押着一些豪绅富商作为人质前往屯溪……

《朱老五》唱本接着状摹了朱老五在屯溪的行动：

> 朱老五，到屯溪，桥上来经过，开枪打死小孩童。两班弟兄一齐来碰着，叫弟兄，到衣庄来打坐。弟兄们，问商家，要枪要火药。商家说，六十杆枪子连火药。大不该，陈会长，开门来逃走。刘老四，拿起洋油来放火，上街头烧到，一直下街过。朱老五，听此话，心里很难过，他到屯溪桥上来点卯，点点人马三百几十个。朱老五，叫弟兄，望黎阳，来经过，来放火，一枪打死老公公。

据当代人回忆，朱老五到黎阳，在贾家大院休息，主人家请他喝茶，喝好后，朱老五问他是要房子还是要命，老人说那要房子，于是手下就将他一枪打死，便没有烧房子，黎阳老街也就因此保护了下来。而所谓问商家要枪要火药，是指朱老五要求屯溪商会交出枪支弹药。原来，早在1912年，以屯溪商界为首，联合休宁县辖的万安、海阳、龙湾、上溪口四镇，共同成立了休宁县商会，会址设在屯溪后街。1928年，商会会长汪仲容招兵买马，在屯溪成立商团，自兼商团团长。当时，他购置了一批新式枪械，期望以此保护商界利益。朱老五入徽之初，汪仲容就在沿途布防狙击，但却屡败屡战。当朱老五进逼屯溪时，汪仲容与之在屯溪西南郊相遇，并展开激战，结果，商团大败，汪仲容亦潜踪匿迹，逃进深山避难。

朱老五先后攻陷休宁县城和屯溪，居住在屯溪的达官巨富闻风奔逃，当地巡警四十人携械潜匿，而商会会董也纷纷躲藏。4月4日，朱老五率部进入屯溪，勒令交出汪仲容和商团的枪械。市面上的商号猝不及防，惶惑骇怖之余，只得公推大康钱庄经理刘紫垣和教会牧师沈玉书，代表诸商户硬着头皮与朱老五谈判。其中，刘紫垣是屯溪著名的绅商，他属下的"刘紫记"，是屯溪最早经销洋油（煤油）的三家商号之一，曾承包德士古公司的幸福牌煤油。另曾代销英美烟草公司老刀牌、哈德门卷烟等，并开设有大康钱庄。

针对朱老五的要求，刘紫垣赶紧派人与汪仲容接洽，请其拨交空枪四十支加以应付，结果却遭到后者的拒绝。刘紫垣眼见难以了局，遂不辞而别，潜逃无踪。对此，朱老五等人气急败坏，遂将屯溪汪仲容的德厚昌南货店浇上汽油，纵火焚烧。大火蔓延，很快殃及左邻右舍的钱庄、锡箔号。火势愈来愈大，其他商号惟恐危及全市，纷纷请求朱老五下令灭火。朱老五仍然坚持要求交出40支枪，就会立即灭火。当在场的商号老板皆表示愿意负责后，朱老五随即下令灭火，并亲临火场督促。不过，商号老板们在德厚昌火灾扑灭后，纷纷收拾细软逃避，根本无人再去兑现交枪之事。第二天早晨，朱老五等发现由休宁押解至屯溪的十余名豪绅富户，大部分已于夜间脱逃，不禁怒火中烧，遂令将余下五人押至大桥头枪决。接着，放火焚烧了商会、商团、公安局、公卖局、厘税局等机关。此时，由于无人救火，火势迅速蔓延，整个屯溪镇淹没于火海之中。这场大火焚烧了很长时间，东镇、西镇、河街三大商业中心悉遭焚毁。部分士兵还渡河前往不远的阳湖，烧毁了著名茶商吴荣寿的住宅。前揭民谣中"屯溪烧得穷，祸起汪仲容"一句，指的就是此次的灾生祸作。

大火一直烧到夕阳西沉，朱老五才在苍茫暮色中率部撤离屯溪，向率水上游的龙湾一带进发。沿途，他们又焚毁龙湾盐栈三所、商铺十余家，龙湾对河之下溪口村130余家亦遭焚烧。朱部此行之目标是汪仲容的老家石田，希望在那里能活捉他，结果却未能如愿。朱老五等人为了泄愤，见一徽派楼房富丽堂皇，便以为是汪家，遂纵火焚烧。对此，《朱老五》唱道：

> 朱老五，叫弟兄，望龙湾来经过。弟兄们，到溪口，当铺来放火。朱老五，叫弟兄，一直望前跑，到石田，汪宗仁家里来放火，烧得那洋楼、花园，一及［起］来去消，唬坏了家里人，一齐来藏躲。

唱本中的"汪宗仁"，应为方音之讹。其实，被焚烧者并非汪仲容的房子，而是其族人近亲的高楼。一路上，朱老五还不断抓捕各处的富商：

> 叫弟兄，到溪口，街坊来经过。又遇了鲍天茂，一个老板，

休宁溪口

在店里来打坐，弟兄们将他拿的拿，拖的拖，拖过河。刘老四，河村要放火，不是神圣来保着，险些开泰又要烧。朱老五，听见后面马铃响，叫弟兄，快快望前跑，后面追兵又来了。叫弟兄，快快篿［轿］子来打着，将老板抬到婺沅［源］来耽搁。鲍老板，不肯来上篿［轿］，两个耳巴打上篿［轿］，糊里糊涂抬得望前跑，抬到婺沅［源］来耽搁，身安银来取着。

溪口亦即上溪口，此处位于休宁西部，因地处浙源水与率水交汇之河口而得名，素有"七省通衢"之称，在皖南亦有"小屯溪"的美誉。民间有顺口溜称："杂货店、绸布庄，米店、饭店、豆腐店，盐铺、药铺、典当铺，油坊、粮坊加染坊，茶馆、旅馆伴会馆"，此一顺口溜反映出当地的徽商店铺鳞次栉比。而唱本中的鲍天茂，就是溪口当地的富商。朱老五挟持着他前往婺源，对此，鲍家只好花钱消灾，"唬坏了亲生子，急得没奈何，借的借，拖的拖，拖到银子几千多，托人送到婺源城，将银子，掉换老板人一个"。

由于皖南地方军事力量薄弱，商团组织亦缺乏战斗力，故而率部入徽的朱老五若摧枯拉朽，势如破竹，这引起了国民政府的极大忧虑，蒋介石遂多方调兵遣将，大力围追堵截。在此情形下，朱老五率部穷途颠沛，进退狼狈。当他们进入江西后，后有追兵，前有堵截。在与当地驻军的激战中，朱老五身负重伤。对此，唱本《朱老五》中也有生动的描述：

后面来了浙江兵，追到也有几十个，问他们："你来做什么？"

他说道："我在屯溪卖红药。"

"跑到婺沅〔源〕做什么？"

浙江又追到几十个，门〔问〕他们："你到婺沅〔源〕城里做什么？"

他说道："我在屯溪卖馍馍。"

"你在屯溪卖馍馍，为何金戒指带上几十个？身上穿的是皮货？别样事儿我不问，我问你，一人一枪过。"

又遇了弟兄们喜欢摸老破，好老破，又是摸不着，金戒指又是带不着。朱老五又要来作恶，三十八万银子去火，浙江兵得银子，快乐真快乐！到江西，睛枪挑破。到东流，亲眷家里来耽搁，二班弟兄都逃着。到九江，船上公公用计谋，将他一把就拿着。送到安庆，头了一刀去了火，血淋淋人头挂成垛，尸身分开望外抛……

上述文字颇有同音讹误之处，表述亦不尽雅驯，乍看有的颇难索解。如"摸老破"，在另一抄本《朱老五（官字）调本唱》中作"摸老婆"——"还有弟兄们，喜欢摸老婆，好老婆，又是摸不到"，这显然是指朱部军纪涣散，一些士兵若逐浪浮萍，于兵败之际更是放荡不羁。"三十八万银子去火"，在此本中则作"三十八挑银子去了火"，可能是指朱老五的徽州之行，曾缴获大批银两。而"浙江兵，得了快乐又是快乐！"则是指这批赃款，绝大部分后来都被尾随而至的浙江军人所缴获，落入后者的私囊。另外，上揭的最后数句，在别本中亦作：

> 朱老五，到九江，眼睛枪打破。到东流，亲人家中来打坐。
> 到九江，船上背家伙。到安庆，头子一刀去了伙。

可见，上述二种抄本文末的唱词，都是状摹朱老五及其部下的下场。

4月23日，朱老五被俘。两天后，他被处以极刑。稍后，《图画京报》上有一张《在皖被捕枪决之著匪朱老五及其党羽》的照片，

《图画京报》第58期，1929年

其中，朱老五坐在中央，赤裸上身，左眼上蒙着一个大纱布，但腰杆子仍然笔挺，其神情意态，似乎仍具睥睨乾坤之状。4月29日，当时的《中央日报》发表《巨匪朱老五在皖斩决》的报道，其中有颇为详细的审查过程，以及朱老五被"暴尸示众"的消息。

（三）

朱老五被捕后，主审官问他："你是什么进候才为匪？"

朱答曰："我在三十三军当了三个月的营长，即被解散回家，在家因事与人打官司，不服气，才想去做事。同时杨某带了五六十支枪到我家里来，要我去，我见他瞎闹，不肯去，他就把我家里所藏的几支枪拿去了，与那些小伙子借我的名字干。其后三十五军到来，闻知此事，也不详查，就把我的房子烧了，田地也一起充了公，我没有办法，就一个人跑到徽州去。后来蔡某来找我到桐城去，与杨某闹了两次火，缴得枪支，弟兄们的逼迫，就干起来了……"（《朱老五之供词》，载1929年《知难》第108期）此一供状虽然颇多自我辩解之词，但本不安分的朱老五之最终起事，中间也确有一些官逼民反的成分。

朱老五率部入徽，在祁门县城平政桥上曾发表演说："我部以铲除贪官污吏，打倒土豪、资本家为宗旨，平民无须惊慌。"他在进军徽州途中，曾编歌谣向世人宣传："条牛担种家里瞌，平头百姓不过问。穷哥儿们不好混，跟着我们朱富润。要想儿孙不吃苦，快来拥护朱老五。"朱部所经之处，对于官僚和富户多所打击。根据后来国民政府的审判报告透露，他离开屯溪前往婺源及江西各地时，一度企图与工农红军联络。正是因为这些，以往对朱老五事件的评价颇多分歧。早期的论述多将其置于阶级分析的框架，视之为农民运动，颇多同情乃至赞美之辞。但也有一些当代方志对于此一事件述而不作，只讲述经过，而不作任何评判。此外，还有不少则完全持否定态度。揆诸实际，朱老五在平政桥发表演说时，祁门县平民胡光兴强行过桥，一言忤意，即被其部下残忍枪杀。朱氏声称："光蛋痞赖跟我跑，土豪劣绅定不饶。"他们进入祁门、休宁县城后，不加甄别地释放了所有监狱囚犯，并让这批失路游民迅速加入自己的部队，这使得本就龙蛇杂乱的兵源更形复杂。特别是其中的一些人具有强烈的反社会报复性质，他们四处烧杀劫掠，颇为残忍与贪婪。因此，朱老五等人虽然强烈反抗旧政权，镇压富商、官僚，但与通常认知中"劫富济贫"的农民起义仍有较大的区别。

朱老五火烧屯溪街，将屯溪桥至江西会馆（今"屯溪老街"牌楼处）一带店铺民房焚毁殆尽，经此一役，屯溪一镇精华毁于一旦，

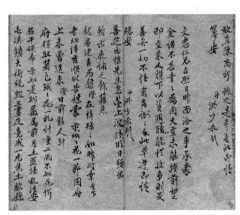

徽商眼中的朱老五
事件（丰善芝信稿
抄本）

"数百家损失千余万"。1929 年出版《图画时报》第 555 期上有一张照片，其下中英文合璧，写有："皖南屯溪此次遭朱老五焚刼，自古以来所未有。此为屯溪河街之一段，现已成灰烬。"乱后，锦天绣地，转眼皆非，屯溪市面一片萧条，不少钱庄受倒账损失，覆产倾家，从此一蹶不起。其他的一些商家亦逋负山高，索欠猬集，有的只得倒闭歇业。

痛定思痛，著名诗人、历史学家许承尧撰有《四月六日寇毁屯溪》一诗：

昔意山水窟，幽居足盘桓。地瘠盗不延，路险能闭关。

诗中，作者嗟咨慨叹于新安山水之乡，因其地瘠路险，原先在世人心目中，此处是远离兵燹匪劫的安土乐天。然而，1929 年的朱老五之乱变生不测，使得生于富贵、长于繁华的迷梦骤然幻灭：

岂知万峰底，亦憬峰［烽］火残！寇至疾如风，不及封泥丸。
祁休首被毒，小咋虐未殚。锐锋趋屯溪，哮怒嘘凶顽。
屯溪聚茶贾，财赋称赡完。豪家挟利器，寇睨尤喜欢。
索器更责食，丰膳供饱餐。衣锦白臂缠，含笑欹其冠。

许氏提及：作为皖南的腹地膏腴，由于茶业的兴盛，徽州茶商之席丰履厚，堆金积白的屯溪引起了周边草茅寒贱的觊觎。诗歌状摹了朱老五等人在屯溪的予取予求以及队伍之形象妆束。由于需索未得满足，朱老五遂放火泄愤：

　　　　　　　　　从黄山白岳到东亚海域

扒腹用纵火，火如赤龙蟠。列肆四里余，脆比枯苇菹。万
廛百货尽，一橹遗础干。焦骨杂碎砾，不辨颅与髋。斑斓渐江
头，磴道钦血殷。

当时的焚劫，烟火余烬，数日不绝。由于承平日久，屯溪市上
又以商人居多，故而"居民狎兵久，见寇初闲闲。有目嗟未盲，迫
睹真刲剜。胆破不解逃，逃亦足蹒跚。蒲伏待见及，幸免魂犹寒。
扶持各露宿，风鹤仍时谩"。朱部撤后，满目颓垣败瓦，一片狼藉。

4月6日，朱老五离屯前往龙湾，屯溪各界人士联合成立了匪灾
善后委员会，清理废墟，救灾恤黎，重建街市。此后，屯溪逐渐缓
慢恢复。1931年3月28日，休宁人盛荣辉阅历世变，在其日记中
曾睹物伤怀：

数年时光，人与景物已大不同，就以屯溪言，遭匪烧劫后，
今虽有建筑，已不能整齐，尚有河沿一带瓦砾已还不少，不禁
为之惨伤！则人事亦有东撇西移，或改行换业，亦尚不少。今
日重临旧地，寻访故人，已不能如愿照常也。人固易变化，而
景物亦会如此变化，真不测也！

当然，由于屯溪的地理位置及其经济地位，使其具有劫后重生
的强大活力。在国内外茶叶经济持续繁盛的背景下，萧条陋巷，重
新甲第，或翻造新式门面，或建筑洋式石库门。此后，自上街至下
街逐渐改造一新，只有靠河一带尚是瓦砾场，未曾造作。1934年，

郁达夫、林语堂、潘光旦诸人连袂前往徽州旅行，在《杭徽公路道中》和《屯溪夜泊记》中，潘光旦和郁达夫都不约而同地提及朱老五事件的破坏性影响，以及劫后屯溪的逐渐恢复。

（四）

近数百年，皖南是南中国戏剧文化极为繁荣的地区，"弹琴歌舞吹唱，琵琶三弦月琴，正本长套杂剧，腔调梆子昆扬"，不仅传统的傩戏、目连戏、徽剧等频繁演出，外来的传奇新剧、民歌小曲等亦层出叠现。近三十年来，在徽州的田野调查中，我曾经眼过无数的戏剧唱本。其中特别值得一提的是——好事的徽州人，甚至将一些时事也即时编入民歌小调、戏剧唱本。例如，邻族间的官司诉讼，竟也有人将之编成杂剧公开搬演，聚观长夜。而作为一个重大的历史事件，朱老五入徽以及火烧屯溪街，显然是时兴唱本的绝佳素材。

在徽州当地，1936年以前主要活跃的是徽剧班社，及至抗战爆发，随着各地人群的纷至沓来，外地的京剧（时称"平剧"）、越剧、黄梅戏、花鼓戏以及话剧、歌舞、杂技等相继前来皖南演出，并在本地成立了相关的戏剧社团，还有专门的戏剧舞台，比较著名的就有始建于1938年的屯溪之江大舞台。类似于《朱老五》这样的曲本，或许就曾在类似的场合演唱过……

戏场上，从未有敲不歇的锣鼓。然而，对于升平时世的商业社会，朱老五火烧屯溪街带来的惨痛记忆可谓创深痛巨。整个事件的经过起伏跌宕，叱咤风云的历史过客在皖南摧城拔寨，闯荡骑劫，如入无人之境。其间，官逼民反、慷慨侠肠的传说，煽惑人心的新奇口号，县府、商民与绿林草莽的交涉周旋，商贾庸谈，世态隐情，谲诈秘诡，兵刃反侧，所有这一切，都给人以强烈的冲击。此后，岁月如流，歌声依旧，时人反复通过各种形式，对此一惊天时变刻意形容、尽情摹写。上述的唱本，只不过是当年少数尚存天壤的两种文本，尽管如此，忆记纷纭的世人，仍能透过这些街衢市井之谣，游走于传说与真实之间，回望九十多年前的那场历史劫难……

（原载于"澎湃·私家历史"2020 年 4 月 29 日）

边缘山区的社会建构

　　旧版歙县地图，其地域范围颇像袖珍型中国版图的主体部分，虽然并不完全规则，但各个部分似乎也还是可以相互对应——东北的杞梓里区，犹如"雄鸡"的头部；而西部的黄山区、岩寺区，则约略相当于新疆和西藏……另外，倘若将整幅地图朝西略微倾斜，则其南面

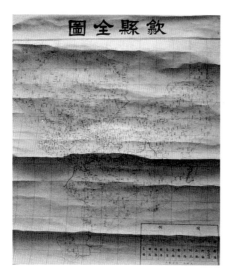

民国《歙县全图》
（王振忠收藏）

从黄山白岳到东亚海域

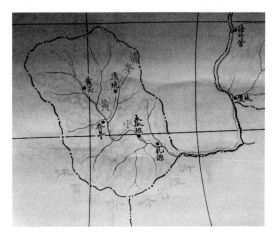

旧地图中的黄［璜］尖、扎［札］源（民国《歙县全图》局部）

的璜尖、札源，犹如孤悬陆地之外的海南，颇具几分神秘色彩……

与海南岛隔着琼州海峡不同，璜尖、札源一带与其"母体"——歙县，有着更为紧密的联系。

在清代，璜尖、札源隶属于徽州府歙县的二十五都，该飞地于1949年由歙县划入休宁，从而结束了飞地的状态。1956年，当时的札源乡又被划入浙江省遂安县（继因新安江水库之兴建而被并入淳安）。原先的飞地区域隶属皖、浙二省，主要包括今安徽省休宁县璜尖乡全部和浙江省淳安县中洲镇西部之札源和木瓜两个行政村。

暨南大学黄忠鑫副教授最近完成了一部书稿——《明清民国时期皖浙交界的山区社会：歙县廿五都飞地研究》（华中师范大学出版社2018年版），就聚焦于此一隶属于两省三县的交界地带。在传统时代，由于该处地属插花错壤的飞地，地理环境自成一体，故其宗族结构、民间信仰以及社会关系网络变迁等，都具有行政区划关照下的学术意义。

（一）

　　在书中，作者首先探究了皖浙边界的文本叙述及其地理认知。他通过对行政管辖之文字记录、图甲赋役运作实态的分析，溯流寻源，勾勒出廿五都飞地逐渐被世人认知的过程。从中可见，当地的土地开发与聚落成长，是徽州腹地向浙西山区方向移民过程的一部分。皖南、浙西山区自唐代中叶起便形成一级政区的边界，自西向东的新安江因南北走向之边界被一分为二。同时，低山丘陵的破碎地貌中，存在着较多插花错壤的现象。璜尖、札源一带的居民就迁自徽州休宁，但其户籍赋役却隶属于歙县，这与山区地理观念之模糊以及赋役制度密切相关。此后，历经一定时期的土地开发和人口

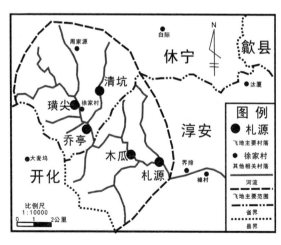

歙县二十五都飞地形势
图（黄忠鑫绘制）

繁衍，尤其是在明万历年间的土地清丈和清雍正朝之顺庄法等赋役改革之后，皖浙边界逐渐从模糊的界限开始向较为明晰的界线转变，这使得廿五都飞地之地域性逐渐凸显，最终呈现于近代地图之上。

在廿五都飞地上，宗族组织之出现，是村落社区不断完善成熟的结果。飞地内各村落宗族组织之形成，最早可上溯至明代中叶，而其普遍形成则要到清代前、中期。其中，最引人瞩目的是札源吴氏，该家族是飞地内最早的定居者，他们在此处创业拓地，开枝散叶，较之其他族姓，吴氏制定了更为完善的谱牒以及相关规条。在这些谱牒中，支派荣枯，房分隆替，皆有具体而微的详细记录。盛清时代，札源吴氏还开始统合皖、浙交界各支派，进而形成了更高层次的宗族联盟。

作者认为，从祭祀祖先的物理空间，可以很好地考察廿五都飞地宗族之塑造及其形态。"祖先墓地是维系宗族力量的重要场所。建造、修整和祭拜坟茔，可以显示对周遭土地、林木的所有权，也可以通过儒家祭祀礼仪联络各个宗支"。当地祭祖空间较为多元，除了祠堂、坟墓之外，个别神庙也有一定的祖先纪念色彩。其中，墓地尤其受到重视，而祠堂则未必占据重要地位。这表明，廿五都飞地的宗族观念较为原始而务实。

（二）

随着人群的汇集，各类民间信仰亦在此交融、碰撞。据调查，皖、浙交界的札源村，仍保留了较为浓厚的九相公崇拜。在迄今尚存的民间文献中，有内容颇为丰富的乾隆《札溪吴氏宗谱》及其道光年间的续修版本。从这些谱牒中，可以找到不少九相公崇拜的生动史料。为此，黄忠鑫结合口述调查，考其源流，叙其本末，细致探究了地方宗族对九相公崇拜之建构过程。

根据当地的民间传说，九相公系唐朝越国公汪华的第九个儿子，名叫汪献。其人自幼聪颖过人，诗书过目成诵。某日，他与皇帝对弈，几局下来皆大获全胜。翌日早朝，皇帝对越国公开玩笑："贵公子如此了得，以后天下恐怕要归卿家所有了！"其时，汪华位居宰相，为人一向谨小慎微，听罢此言如坐针毡，他认为皇帝起了疑心，自家日后会因谣诼日加而祸生不测。回家之后，汪华痛责儿子，震怒之下，竟将汪献一脚踢死。汪献死后，皇帝颇感愧疚，遂赐一沉香木雕的汪献像，供其家中祭祀。及至南宋，有奸臣上书，指责汪

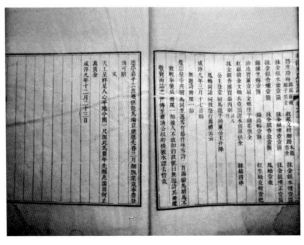

《札溪吴氏宗谱》中有关驸马爷吴恩义的记载（黄忠鑫提供）

献系属犯上，不该受人祀奉。于是，皇帝下令查抄汪献雕像。情急之下，驸马吴恩义将雕像偷偷地藏在家中。某年，驸马返乡省亲，遂将汪献雕像带回札源。从此，札源人就奉汪献为"九相公老爷"，岁远年深，世代相传，九相公遂在札源等地受人广泛崇拜……

　　根据作者的分析，札源村九相公崇拜之形成，与里社体制乃至更为久远的社祭传统密切相关。此后，日月推迁，通过地域分化与相互联合，形成了颇为周详的祭祀规制，从中可以反映出札源吴氏所构建的社会网络与地方秩序。上揭九相公与吴驸马的传说故事，实际上反映了札源吴氏利用民间信仰强化其宗族组织的努力，他们殚思竭虑地将其家族人物嵌入国家大历史的叙事框架，以期增强本族在地域竞争中的实力。

　　当时，九相公崇拜不仅在札源立足，其庙宇成为札源吴氏全体有份的神庙，而且还影响到周边的若干村落，从而形成了一个"信仰圈"。休宁县的汉口、商山、浯田等村落，也轮流前来迎请、供奉，这些村落与札源一起，制定了迎神赛会的基本规则。嘉靖十八年（1539年），由于商山村之"雕假易真"，双方聚讼纷纭。所谓雕假易真，迄今在札源当地还有与之相关的口碑传说：札源吴氏派人欲将九

迎神赛会的合同议约
（黄忠鑫提供）

相公迎回之际，却发现商山人刻制了九尊（一说九十九尊）一模一样的神像摆在一起，让吴氏自行认领。如何确定真身，让人颇费周章。据说，九相公当晚托梦给札源吴姓，让其在每尊神像前都点上一炷香，哪尊神像前的香烟笔直朝上，哪尊便是真身。正是得益于神明的启示，札源吴氏顺利地迎回了本尊……

在徽州，类似的传说并非绝无仅有，它实际上折射出地方社会对于有限的文化资源之激烈争夺。此类争夺的结果，便是札源吴氏形成了一定的社会网络，体现在民间信仰的秩序上，则是"有份"与"无份"的区别。在包括了位居徽州腹地之汊口、商山以及浙江寄庄田产所在村落等地，札源被置于"信仰圈"的中心，这显然折射出吴氏宗族在皖浙交界地带的社会经济地位，从中反映出由边缘山区的"名族"力量、土地产权共同编织出的利益网络。

（三）

作为插花错壤的飞地，其上的人群来自不同地方，迁居之时间亦各不相同，经济实力更有很大的差异，由此，遂形成了社会身份上的差别。大致说来，在廿五都飞地上，存在着大姓—小姓—棚民三个层次的社会关系结构。随着时代之推移，"土著"与"客民"的矛盾逐渐凸显，械斗事件亦时有发生。自明嘉靖迄至清代同治年间，歙县廿五都飞地上的札源吴氏与木瓜坦洪氏，彼此砺齿磨牙，曾展开以主仆纠纷为名义的长期对抗。大姓一方寻根拔树，势欲踏尽落

璜尖的契约文书
（黄忠鑫提供）

花；而小姓则若闲藤野蔓，枯而复荣……此一对抗，始终以山林经济矛盾为基础，涉及等级身份、社会网络等方面的全方位对抗，纠纷过程时如繁弦促调，风雨骤集，煞是惊心动魄。黄忠鑫指出，在这一边缘山区，等级身份之诉求可能只是一种策略，其背后的焦点仍在双方的山林经济利益。而族姓对抗的基础，则取决于彼此之间的社会力量与经济实力。

在最后一章，作者探讨了飞地山林经济之开发历程与棚民的进入。该书以相当翔实、生动的史料，为我们分析了棚民进入、定居之后飞地社会关系在空间上的变化。从中可见，廿五都飞地的山林经营，主要包括木材、竹笋、茶叶之成片种植以及水稻、蔬菜等的零星栽种。十八世纪后期的清代中叶，棚民开始出现于廿五都飞地，他们主要来自长江北岸的安庆府和浙江、福建等地。此后，除了维持杉木、竹木的出产之外，玉米、杂粮也在此处得到大规模种植，由此，租赁关系遂发生了一些重要的变化。由于山地经济价值的不断提升，特别是玉米具有货币功能，从而在租佃和信贷领域逐渐得到普及。此后，山场开始作为抵押物进入信贷领域，以获取急缺资金。民众在订立契约时，也更倾向于采用明确表示信贷功能的"当契"。换言之，十八、十九世纪山林经济之变动，引发了契约文书在书写上的变化。具体说来，1780年以前，山场以蓄养林木和茶叶种植为主，山林土地交易市场发育并不显著，土地交易以没有回赎期限的"活卖契"为主，而"当契"仅止局限于田地交易之中。1780年以后，大批棚民入居并长期租赁山场茶园，种植玉米等杂粮，带动了此处山地的开发，提升了山林经济价值，土地流转频繁。此后的山地交易开始流行具有明确回赎期和利息的"当契"，"活卖契"也开始增添了明确将回赎期限作为是否向"绝买契"转变的内容，"典契"和"活卖契"的内容趋于一致。此一个案表明，"活卖契"脱胎于卖的行为，仍保留了基本小农生存伦理的原则；而"当契"则适应不断商业化的市场逻辑，并对"活卖契"书写细节之变化产生了重要影响。

（四）

《明清民国时期皖浙交界的山区社会》一书由数章集合而成，每一章皆以专题论文的形式呈现，这使得全书的研究颇为细致、深入，较好地论述了飞地内部村落社会的诸多侧面，在总体上又自成系统，尽最大可能地揭示出边缘山区社会建构的发展历程。

数年前，作者曾将其收集到的一些资料图片发给我，其中有不少契约文书都是相当破烂、品相极差的资料，乍看琐屑纤微，令人兴味索然。要在类似于此近乎"断烂朝报"的文献中寻找研究线索，具有相当的难度，需要有很强的综合研究能力，更需要极好的耐心。稍后，作者曾向我提交读书报告，其间概述了该批文献的学术价值，并就此提出自己的研究思路。他认为："似可从'界限'观念下的社区空间入手，考察政府治理从粗线条的'界限'到细线条的'界线'变动与当地社区的多方面互动过程，进而讨论都图里甲体系在这一过程中的实际地位。"可见，他最早主要关心的仍是都图里甲体系问题（这是其博士学位论文研究的主题），而非整个山地小区域社区的历史地理。此后，随着对资料阅读的深入，作者逐渐有了更大的学术企图。于是，目前展现在我面前的专著，较先前的设想有了极大的拓展，举凡都图里甲体系、宗族建构、外来棚民、佃仆小姓、民间信仰、山林经济、诉讼纠纷和契约书写等问题，皆有专节涉及，此类成果，触及历史地理、明清社会经济史、文化史研究的诸多前沿领域。

在我看来，《明清民国时期皖浙交界的山区社会》一书，在以下三个方面尤其值得关注。

民间信仰是社会文化史研究中的重要课题。在徽州，隋末唐初的汪华，被塑造成当地最为重要的地方神明，并在皖、浙各地受到广泛的信仰。南宋以来，汪华不仅被称为"汪王""越国公"或"汪公（大帝）"等，而且还衍生出一些附属的神明崇拜，最为常见的就是汪公九子之传说。在歙县民间，直到现在仍然流传着唐太宗追封汪华九子为"一、二、三太子，四、五、六诸侯，七、八、九相公"的说法。通常认为，一、二、三太子神像极小，四、五、六诸侯并无塑像，而七、八、九相公则因其神像高大，而受到更多的关注。此前，学界对于汪公崇拜的研究较多，但对九相公信仰之探讨则尚未有专文，这当然是受制了资料的零散与不足。如今，黄忠鑫结合地域开发过程中社会关系的建构、土地产权之变化等要素，透过具体、翔实的个案分析，推进了传统时代徽州重要的民间信仰——九相公崇拜的研究。此外，他还试图透过这一探讨，回应学术界有关"祭祀圈""信仰圈"等的相关讨论。他认为，无论是社区性的"祭祀圈"还是区域性的"信仰圈"，都与里社制度有着密切关系。在民间信仰组织呈现出此类地域色彩的背后，是宗族力量发挥了重要的作用。

除了民间信仰之外，作者对大、小姓纷争的研究亦颇值得关注。明代中后期，徽州的各个宗族加强了内部的同族统合。在我看来，《新安大族志》《新安名族志》《休宁名族志》等综合性谱牒文献的出现，是对既有强宗巨族状况的客观反映，与此同时，它们又在徽州划定了一个"名族"或"大族"的标准，从而奠定了徽州一府六县境内宗族分布的基本格局。不过，在一些偏远地区，各个族姓之升沉隐显尚未可知，相互之间的关系仍然极不稳定，各个族姓能否成为该地域中的"名族"或"大族"，除了凭借自身的实力之外，很大程度上亦取决于他们能否成功地与明代中后期业已存在的"名族"或"大族"相整合。歙县廿五都飞地留存有乾隆《札溪吴氏宗谱》、道光《续修札溪吴氏宗谱》、同治《金山洪氏宗谱》等谱牒，较为集中地反映了此一边缘山区的大、小姓纠纷。其中，不仅有大姓一方的《札溪吴氏宗谱》末卷之《跳梁记事》等，还有作为佃仆一方的木瓜坦洪氏谱牒文献。通过对两造叙述之对比与解读，作者从较长时段考察了徽州边缘山区村落中的大小姓关系演变。此一成果，与近年来相关研究的学术趋势颇相吻合——随着徽州文书史料的大批发掘，传统的佃仆研究课题，被置于历史社会地理、宗族社会和地域社会竞争等领域予以重新审视，取得了不少新的成果。作者的此一研究，正是在前人讨论的基础上累积了新的个案，并提出个人的见解。

此外，作者对于契约类型嬗变之研究，亦颇令人瞩目。此前，在土地契约的类型上，"卖契"与"典契"之关联和区别一向备受关注。有鉴于此，他利用清代迄至 1950 年代出自同一家庭的璜尖契约文书，以较长的时段，将文书内容与类型之变化过程，与边缘山区山林经济结构的变动相联系。在他看来，在璜尖收集到的数户契约，在时间上具有连续性，在内容上则有较强的系统性，藉此所看到的山林经济变动与契约文书在书写上的变化，具有一定的说服力。尽管璜尖的个案能否涵盖更大范围内的契约使用历程，仍有待于学术界的检证，"但此一个案在方法论上提醒我们，打破内在联系（地域和人户归属）讨论契约文书的类型、样式固然有可取之处，但集中观察某一地域各类文书内容的变化，以及为何被当地民众所选择或放弃的原因，同样有助于理解不同文书类型的本质，对于深化古文书学和民间历史文献学的相关认识颇有助益"。

（五）

《明清民国时期皖浙交界的山区社会》一书，是利用田野调查所发掘的徽州文书展开的历史地理研究，较大程度上凸显了徽州文书对于历史社会地理研究的重要性。

1997 年，我最早提出开展历史社会地理研究的倡议。在我看来，历史社会地理是研究历史时期各地人群的形成、分布及其变迁，研究地理因素对社会文化现象的影响，具体研究内容应包括历史时期社区及社会现象的地理研究。在资料方面，应重点发掘族谱、民间文书以及民间文学三集成（歌谣、谚语、民间故事）等方面的史料，研究各类人群的渊源流布、特征、经济、文化等。此后迄今的二十年，国内学界无论是在理论建构还是具体研究方面都颇有进展，但从总体上看，历史社会地理仍处于探索阶段。在这方面，黄忠鑫认为："历史社会地理关注的核心问题应当是社会关系的空间结构。承载社会关系的是社会人群，因而社会地理应该关注各个区域环境下的所有社群及其活动空间……社会关系通常表现为融合和矛盾两个层面。落实于地理维度上，整合方面具体体现在共同社会风俗、社会生活和社会心态等塑造的地理单元，即社会关系网络和'社区'的形成与扩展历程；矛盾方面则是各种历史时期的社会问题（如流民、溺婴）与社会群体冲突（如民变、械斗、诉讼等）产生的地理原因、空间分布及变化过程。"从这个角度上看，《明清民国时期皖浙交界的山区社会》一书，较好地利用了丰富的徽州文书，提供了历史社会地理研究的一个具体成果。

在此，顺便应当提及的是，对于徽州文书的认识，目前在历史学界，仍有一些人存在着根深蒂固的误解。在他们的印象中，徽州文书不过只是一些土地契约，而且其中的绝大多数皆是通过市场买卖辗转而来，缺乏系统性的脉络，从而使得其学术价值大打折扣。其实，此一臆断成证，完全是不了解迄今为止徽州文书之收集、整理和研究的现状，他们的错觉仍停留在二十世纪五六十年代。而在事实上，徽州文书是迄今所知国内为数最多的民间文书群，不仅数量庞大，而且还以其类型多样、内容丰富、持续时间长久而闻名于世。虽然说在最近二十年，各地的民间文书层出叠现，但可以断言，没有一个区域的文书质量可以与徽州文书相提并论。就像廿五都飞地的这批文献一样，新近发现的徽州文书，有相当多皆有着很好的系统性脉络。而且，更为重要的一点在于——与其他区域不同，丰富的传世文献，使得徽州有着极好的"史料环境"，任何一种文书的新发现，往往很快就能在整体史料环境中寻找到相应的坐标，从而发挥其独特的研究价值。因此，与其凭恃臆见，对现有的文书史料多所责难，还不如面对客观现实，清楚地了解作为历史学者的擅长与局限。在我看来，通过实地考察是为了增加感性认识，于传疑传信之间发现富有价值的历史线索，真正读懂手头的民间历史文献，而这，才是我们的目的所在。

在另一方面，虽然说徽州遗存有目前所知国内为数最多的民间文书，但各类珍贵的历史文献之发现却是可遇而不可求。以我在徽州二十余年的考察经验，有幸收集到与区域研究匹配度上好的资料，一半靠个人的学术敏感，另一半则需要冥冥之中的运气。从这个角度上看，黄忠鑫是相当幸运的。作者最早出自华中师范大学历史学基地班，2007 年考入复旦大学中国历史地理研究所，从我攻读博士学位。其学位论文《在政区与社区之间：明清都图里甲体系与徽州社会》，所探讨的课题关乎明清史研究核心的制度史问题，在这方面，前人研究的学术起点较高，因此具有相当的难度。他通过多次深入的田野调查，利用第一手的民间文书，对县以下基层社会与地理单元、地缘组织等诸多侧面，展开较为细致的研究。毕业之后，他并不急于将其出版，而是在此基础上潜心钻研，做更为精深的探讨……

作者声称，有关"歙县廿五都飞地"的研究，是其博士学位论文的副产品。的确可以想见，倘若没有对明清时代经济制度有过较为深入的探讨，他显然不可能如此敏感地意识到璜尖文献的重要性。数年前，在徽州友人的帮助下，他曾多次前往皖浙交界处的璜尖、札源一带调查，并走访徐家、乔亭、清坑、木瓜和樟村等地，收集到民间遗存的各类文献多达 200 余件（册），这些文献，包含有家谱、契约、信件、产业簿册等多种类型。在此基础上，他还口头采访了当地村民，从而加深了对此一特定微观地域之自然和人文环境的理解。在他看来，这块历史上插花错壤的飞地，因其地处两省三县交界，故而有着别具一格的研究价值。于是，他考索于契约残蠹，咨询于故老通人，全情投入此一边缘山区的研究，通过对小区域的细致分析，藉以观照十六世纪以后中国社会历史变迁的大趋势。这是丰富的民间文献对于明清史研究的独特贡献，也从一个侧面彰显了徽州文书对于中国史研究的重要性。

（六）

数年前，笔者亦曾由屯溪出发，独自包车前往璜尖、札源一带实地考察，在迢遥道远之地登山度岭，于山蹊野径间坐看云起……沿途的山麓葱翠、幽岩密菁，给我留下了深刻的印象。在札源，我看到相当完好的一处"九相公祠"，庙内香烟缭绕，求签问卦者络绎不绝——这大概是皖浙交界山区现存唯一完好的九相公祠，也是迄今仍在民众日常生活中发挥着重要作用的一座庙宇。由此看来，黄忠鑫的研究，既是对久远年代的学术追寻，也是对当代社会鲜活历史的生动剖析。

在我想来，"歙县廿五都飞地"之所以令人瞩目，原因还在于此一区域的开发较晚，较之唐宋时代已开始发展的歙、休盆地，此处是十六世纪以后山区再开发的一个典型。从总体上看，皖南地处万山之间，及至明代中、后期，随着低山丘陵的腹地膏腴开发殆尽，人地矛盾进一步尖锐，过多的人口压力，使得民众理性地通过两种渠道加以纾缓：一是外出务工经商，二是进军深山的遐陬僻壤。前者表现为徽人纷纷穷途远涉，在全国各地居廛列肆、服贾经商，从而开创了"无徽不成镇"的局面；而后者，则是在邻近深山锄云犁雨、辟土殖谷，靠开垦更高的山地（即"种山"），开拓新的生存空间。这些山高林密之区，处处危峰峻壑，猿径鸟道，生存条件相当恶劣，原本一向人烟稀少。十六世纪以后，随着美洲作物的引进以及逐渐推广,深山之大规模开发成为可能。在当地,来自各地的人群履危涉险,在此僻壤一隅朝起暮息、披星戴月,从而开创了深山间的一片新天地。于是,宗族组织的建构,人际、群际关系之重新塑造,大、小姓纷争的展开,里社制度与社祭传统之变化,祖先纪念与神灵崇拜的相互交融,地方文化资源的形成及其争夺,棚民的移徙与山林经济结构之嬗变……一幕幕的悲喜剧于此渐次上演,形形色色人群之频繁互动与冲突,为明清社会史、历史社会地理和历史人类学的综合性探索,提供了极佳的个案。我特别注意到,在清初的契约文书中曾出现过"璜川"的地名,由此让人不禁联想——从历史地名变迁的社会地理背景来看,此处的地名大概也经历了由"黄尖"至"璜尖"再到"璜川"的演变过程,这应当反映出与徽州的其他低山丘陵一样,原本路歧荒僻的地名亦经历了逐渐雅化的过程。这就像札源一带流行的九相公崇拜与"雕假易真"之类的传说,实际上与山下的歙休盆地之相关信仰颇有异曲同工之妙。类似于此的沧桑变幻,从诸多侧面反映了深山区域开发的成熟,而由此类"挺进深山"的动态过程,遥远年代各地人群对山地社区历史的建构轨迹,遂得以清晰呈现。

看来,地处深山僻坞的廿五都飞地,其山遥水隔虽无万态千变,但曾经的鸟啼花落、流水浮云,却亦别有故事……

(原载于"澎湃·私家历史"2018 年 5 月 22 日)

从黄山白岳到东亚海域

黄山钟鸣的百年回响

婺源"末代秀才"詹鸣铎，在其撰写的章回体自传《我之小史》中，有不少章节对晚清科举制度废除前后徽州的民风士习作了生动的描绘。例如，清末废除科举之后，为了满足大批旧学生员对功名的渴求，官方仍然举办优贡和拔贡的考试。这些人经朝考合格，可以择优分等授予官职或教职。宣统元年（1909 年），詹氏在省会安庆投考拔贡交卷后，看到一位来自本省宿松县的老人，竟与儿孙三代同考，詹鸣铎认为鹤发苍颜仍来考贡，应是"名心不死"的缘故。接着，他又触类旁及，提到此前婺源县一位姓施的老生宿儒，此人虽已年逾花甲，但却仍然一再参加童子试。此后，科举制度彻底废除，大批读书人涌向新式学堂，聊续断弦。结果，这位龙钟老叟亦随大流进入师范传习所，与年轻人一起时髦地练起武术和体操，"别人跳，他也跳，以致跌坏了脚"……

詹鸣铎讲述的例子，反映了晚清教育与社会剧烈变动形势下读书人的心态举止，折射出民间社会对于新兴的师范教育之基本反应。事实上，当时的人们视师范教育为"科举时代之变相"，在这种背景下，传统科举制度下显亲扬名的观念仍然根深蒂固。对此，耿夫在《歙县教育的面面观》中亦有类似的描摹：

> 歙县教育发达极了！居然有位七十多岁的老头子，带了自己的孙子，到国语讲习会里，去听了三个礼拜莫名其妙的ㄅㄆㄇㄈ丂，回到家来，门上贴起黄纸的报单，上面写着"国语讲习"、"祖孙及第"，还有"高小毕业"、"叔侄甲等"、"小学卒业"、"升学录用"、"检定教育"、"教育部令"、"单级讲习"、"兄弟连科"等的字样，不计其数。……又有一位教员先生，欺山里人无知识，居然私卖毕业文凭，得文凭的人，也就贴起报单来，开贺祭祖。从此以后，眼见得他又要做一个山皇帝了。
>
> 一般人的头脑太新了，还要把他移到光绪二十年去！一旦毕了业，第一着就是印报单文卷，第二着就是拜客，第三着就是开贺请酒。这也算是威风到顶，所谓踏到"十年窗下无人问，一举成名天下知"的美境了。哪知今年有一位师范毕业生方某，以为像这个样子，还不算出风头，居然写了两个戏班，做对台戏，我想前清状元公，恐怕还没有这等风头哩！最奇怪的，还有城里一班大老先生，乘了轿子，洋洋得意的去道喜看戏。大约还叫做戏的跳了两个加官吧！哈哈！

所谓加官，是指传统徽剧的开场白，当时，徽剧中有"利市三跳"之名目，内容是跳魁星、跳财神和跳加官，具体做法是演员扮演八仙、金童玉女、王母娘娘、魁星、财神和加官等，由锣鼓、唢呐等鼓乐伴奏，祝福当事人应举夺魁、招财进宝和加官进爵。跳加官时，演员头戴面具，身穿红蟒，腰系科带，脚着高靴，右手捧着朝笏，在锣鼓声中粉墨登场。及至戏台中央，便先后亮出加官条，众八仙等高声叫好助兴。此时，扮演"加官"的演员口中念念有词，说着"一品当朝""天官赐福""风调雨顺""五谷丰登"之类的利市话……

耿夫的这篇文章发表在 1925 年，刊载于当年颇为重要的一份同乡刊物——《微音》上。其中，也提及徽州的师范教育。从中可见，尽管当时进入民国已有十余年了，但徽州人自师范学校毕业，黄卷青灯，壮志鹏飞，与明清时代科举及第的社会反响如出一辙。从迄今尚存的《安徽省立第二师范学校讲习科毕业试卷》来看，其间不但备列有一长串先祖、业师之名讳，而且还特别强调"本校毕业考试及第"，其格式与科举时代之硃卷并无二致。唯一稍有变化的，只是承印此类文卷的书坊，已由著名的"徽城乙照斋"改为时尚的"徽城维新斋"而已。

徽州的师范教育，始于光绪三十一年（1905 年）许承尧创办的新安中学堂附设之师范科。翌年，附设的师范科单设为徽州府紫阳

安徽省立第二师范学校
讲习科毕业试卷

师范学堂，其学堂经费来自著名的紫阳书院之常款。光绪三十二年（1906年），歙县岔口举人张云锦等人，依靠茶捐及私人捐助创办了双溪师范，该校存续时间未久，便改为大洲公学。对于清末师范教育的早期历史，历史学者方光禄认为："徽州近代师范教育的诞生，是地方文化传统的自然延续与欧美近代文化的强势渗透相作用的结果，也是区域社会精英主动适应与国家行政力量强制推行相结合的产物。"

晚清时期，源自西方的师范教育制度传入日本，继而又由东瀛传入中国。早在光绪年间，美国传教士林乐知即在《万国公报》上发表《师范说》一文，其中提及："自强之道，必以作育人材为本，而作育之事，则以设立书院为先，尊其名曰书院，核其实即学堂也。特是创院虽易，求师甚难，欲得一品学兼优者，俾诸生有所效法，已属难能而可贵，尤必循循善诱，引掖有方，庶能小以成小，大以成大，养其才以待用，不亦难之难乎！"在他看来，所谓师范，即"师之模范"。此种师范教育，与中国本土悠久的尊师重教之传统相互融合，遂形成具有中国特色的师范教育制度。在传统时代，学高为师，德高为范，这一观念也促成了清末、民国初期民间社会对师范毕业生的期许与敬重。

晚清以来，徽州师范之创立、嬗变，与救亡图存的启蒙思潮密切相关。在这一背景下，二十世纪历史上不少著名的人物，都与徽州师范教育紧密地联系在一起。譬如，许承尧是光绪三十年（1904年）进士，钦定翰林院庶吉士。他于翌年返归歙县，先后创办了新安中学堂师范科及紫阳师范学堂，并亲任监督，开启了徽州"新教育"的先河。许承尧是清末著名的诗人，杰出的徽州乡土史家，其人不仅胸藏万卷笔扫千军，而且还有着强烈的现实关怀。他与同盟会志士陈去病及汪律本、黄宾虹等人一起组织"黄社"，以研究学问为名，开展反清活动。在他的交游圈中，陈去病为江苏吴江同里人，也是著名诗人，南社的创始人之一。而黄宾虹则是歙县潭渡人，为中国现代最为著名的画家之一。陈去病、黄宾虹等人都曾受聘在新安中学堂任教，为徽州早期的师范教育做出过重要的贡献。又如，著名的教育家胡晋接，曾以《中华民国分省地图集》蜚声国内，其人熟读诸子百家，尤精于程朱理学。1913年奉命创办安徽省第五师范学校（次年改称省立第二师范学校），担任校长长达十五年之久。其间，他倡导自力更生，勤俭办学，造就了众多的人才，为徽州教育做出了杰出的贡献。再如，"人民教育家"陶行知也与徽州的师范教育密切相关。陶氏是歙县黄潭源人，曾任南京高等师范学校教授、《新教育》主编等，倡议组织中华平民教育促进会，推行平民教育。他认为："徽州的教育问题，关系新安二十万子弟之前途。"1922年，安徽省立第四女子师范学校创办，陶行知出力颇多。他将该校作为推行平民教育的实验场，在他的直接帮助下，第四女师创办之初，即附设有平民学校，在休宁隆阜周遭对村民推行识字教育。针对当时徽州师范教育中的佞佛风气，陶行知亦曾一针见血地指出："佛学是值得研究的，但是只可让那田园充实、娱乐晚景的福人去皈依佛号，日诵菩提，断非可语于终日为生活而忙碌的劳工，和志在改良社会、为国捐躯的青年，可以闭起家门诵佛礼忏，断不可以在公家办的师范学校里一面领薪俸，一面宣传佛法。"此外，关心过徽州师范教育的知名人士，还有相当不少（如绩溪人胡适，婺源人江峰青、江谦，黟县人胡元吉，江苏川沙人黄炎培等），这些在徽州本

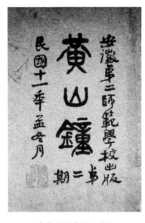

《黄山钟》第二期

土和外埠鼎鼎有名的大人物，都在不同程度上关注或影响过徽州的师范教育。

民国以还，安徽省将全省师范学校划分为六个学区，徽州一带原来隶属于第五区，遂设有安徽省立第五师范学校，后迁休宁万安新棠村，改名省立第二师范学校（简称"二师"），这是在皖南最具影响的中等师范学校。二师校刊每年出版一期，前后共出七期。自第八期起改名为《黄山钟》，仍为每年发刊一本，先后也出了七期。从其间刊载的文字中，我们颇可窥见徽州师范教育的特色。当时，二师的办学，崇尚"信实""勤俭""谦逊""亲爱""公德""常识""遵法"和"尚武"八个方面，在师范教育中提出过不少重要的理念。1922年，安徽省立第四女子师范学校建址于休宁隆阜，该校提倡"德、智、美"，认为女子亦"要负改良旧社会的责任"。对此，一位叫许悦音的女士，曾作有《敬告徽属女师范生》的文章：

> 教育不是抬高人家声价的，不是做人家择配的广告的，受了教育，要使自己做一个完人，受了师范教育，要养成一个好的师资，同时还要负着改良旧社会的责任（就是小范围内的），乡里的教育如何，女子教育又如何，你们是要负改良之责的，乡里的婚姻制度如何，你们是要负改良之责的。"女子为国民之母"，这一句极普通的话，想诸君总该知道的，所以我不希望你

们做三从四德和贤妻良母，我只希望你们明白你们自己是家庭中之一员，是社会中之一份子，负着重大的责任，自己做人，教人做人……，那么，才不愧做一个女师范生。

当时的一些有识之士还认为，乡村教育是国民教育的基本，应使儿童由爱家爱乡观念养成爱国爱种的热忱。1917年4月，教育部通咨《各学校假期修学办法》，要求师范学校组织调查、采集、旅行、温习课业、讲演教育等活动。为此，二师提出了"旅行修学"的理念，"每年春秋佳日，因时因物，指导学生实地考察，明确其观念，锻炼其身心，并养成随时随地自动的研究学问之能力"，也就是在旅行中对乡土社会作历史、地理、博物等诸多侧面的细致考察。当时展开的调查，明确指出"乡土"系指"住址所在之城镇或村落"，并开列有细目：如乡土历史，有族姓由来及变迁、模范人物、名人著作等；乡土地理，则包括山脉河流走向、地势、气候、土壤、地质、名胜山水、道路及水利工程、田地山的收成、菜圃与果园、交通、邮政、旅馆等内容。此外，还有乡土物产、乡土社会状况、乡土民生状况、乡土教育状况等方面的调查。迄今，在徽州师范教育的相关刊物上，还保留有当年学生撰写的十数篇调查报告，颇具学术价值。对此，曾专门考察过徽州师范的著名教育家黄炎培曾指出："余观是校，不觉为之神往。夫所谓输入国民必须之思想学艺，而不破坏其淳朴懿粹之美德，俾异日有文明之启导，无习惯之扞格，与夫注意调查研究乡土历史、地理、农工、矿物，联络各地方小学，此岂仅新安师范学校宜然也哉？而非易数觏矣！"（《安徽省立第二师范学校杂志》第二期"附录"）

揆诸实际，清末民国时期新潮激荡，异说争鸣，徽州的师范教育虽曾乞灵于先圣前贤，认为"教育以造成善人为职志""所谓师道立则善人多也""求善之教育，道学为体，科学为用"，这些理念在众声喧哗的时代潮流中难免不无拘执腐见之嫌，亦曾惹启悠悠众口，招致时人的诸多批评。但外观大势内审国情，胡晋接等人苦心擘划对"道德实践"之提倡，也从一个侧面反映出欧风美雨冲刷下国人对于东方文化的固守与追求，这一点却也难以完全一笔抹杀。鉴此，我以为，徽州的师范教育颇具特色，在中国教育史上理应占有重要的一席之地，值得学界同仁深入探讨。

　　在我看来，教育史涉及个人、社会、国家和文化，它不应是各类学校有关政治事件流水账的大杂烩，也不应是目前市面上常见的那类向校庆"献礼"的仓猝之作颂祝谀词。教育史亦绝非教育学的"内史"，而应当属于专门史的研究范畴。而好的教育史成果应当在充分发掘历史文献的基础上，将教育史放在大的时代和社会背景中去考察，在人性的观照下，将精英教育和平民教育置诸区域文化的发展脉络中去阐释。以此为标准，迄今所见的不少教育史著作显然难以令人满意。这主要是因为一些作者缺乏历史学的基本训练，未能广泛收集第一手的档案文献，再加上常以中国大历史的分期作为小区域教育史之分析研究框架……，如此这般的教育史书写，明显过于粗疏，难以揭示教育史的内在脉络与区域特色。不过，令人欣喜的是，这一现状近年来已颇有改观，特别是一些学有专精的历史学者，将教育史作为自己的专门研究领域（如明清徽州教育史研究、近代教会学校教育史研究等），迄今已取得令人瞩目的学术成果。

　　方光禄出生于黄山白岳之间，任职于徽州师范，他桑梓情深，早在 1992 年就曾编写过徽州的乡土教材。此后，随着海内外"徽学"研究的蓬勃开展，光禄兄立足于徽州乡土，采掇事实，殚心著述，发表过一些具有独立学术见解的论文。近年来，他又广泛收集资料，针对徽州师范教育史上的重要问题发表过数篇文章。此次他与许向峰等人合作，编写了《徽州近代师范教育史（1905—1949）》一书（安徽师范大学出版社 2013 年版）。对此，笔者拜读之余，颇多感触。

《徽州近代师范教育史（1905—1949）》一书的作者，采摭旧闻，探源竟委，对 1949 年以前徽州师范教育的历史脉络，做了颇为细致的勾勒。该书不尚泛论空谈，严格依据档案史料说话。在史料的取材方面，既有收藏于安徽师范大学图书馆、徽州师范学校档案室等公藏机构的相关档案，又有光禄兄个人从皖南各处辛苦收集到的民间文献。这些第一手的资料，很好地奠定了该书的史学研究价值。

对于该书的学术价值，以下仅据笔者个人的读书所见，稍作一点补充论述。前文述及，在二十世纪，二师是徽州的最高学府，培养过不少各方面的人才，特别是她为皖南基础教育之维持与发展，提供了相当的师资保障。在徽州当地，不少青衿学子都与二师有着千丝万缕的联系。在这方面，《徽州近代师范教育史（1905—1949）》一书，保存了不少重要的资料，亦提供了一些值得进一步探讨的线索，有助于我们对民间历史文献的深入解读。譬如，二十世纪九十年代末，笔者曾收集到一册日记抄本，封面题作"民国六年十二月省斋查辅绅"，右上角另有"毋忘国耻，注意自治"的字样。今查《徽州近代师范教育史（1905—1949）》，查辅绅为二师第一届毕业生，系婺源北乡的山坑人。抄本内容约一万余言，是查辅绅1918年"本科第四年级上学期寒假中之日记"。当时，二师主张学生自治，认为此事体大，"欲造成公民，必自兹始"，这一主张，也就体现在日记的封面上。从查辅绅的日记中，我们得以了解这位二师学生的所思所想。从中可见，心思旷远的查辅绅，经常阅读《通书》《养真集》《太极图说》和《华严原人论合解》等，他认为："道家重命功，释门崇性学，各执一端，纷纷聚讼，考其由，皆于太极之理未深明也。"二月二十四日（旧历一月十四日），查辅绅曾撰《中西格致之学之异同》，指出："中国格致之学，兼道与艺，专以义理为重；西人格致之学，重艺兼道，故以物理为多，此则今日西人物质文明之所以一日千里也。而我国今日之一贫如洗，亦由趋重义理，至于极端耳。"这些文字虽稍显稚嫩，但也反映了他在读书之余对传统中国哲学思想及东西文化比较的思考与认识。徽州素以"程朱阙里"自居，当时，二师周围聚集了一些孜孜传授心法的耆儒硕学。例如，与胡晋接过从甚密、晚年曾讲学于二师的黟县人胡元吉，学宗程朱理学，著书立说，阐扬经义。他曾专门为师范科编有《初级修身教科书》，其内容以"简明显要，而切于身心日用为主"。通过此类教科书以及教师的言传身教，当时的不少师范学生均深受影响。二月十二日（旧历一月初二日），查辅绅曾写道：

　　……上午光阴于已告尽，回思年垂弱冠，马齿徒增，德业未进，正宜猛着祖鞭，临深履薄，毋枉来日为人师表。父亲评余平日行为"粗心浮气"，此四字诚余之药石箴言。然余一生以至诚为终身修德之目的，欺人自欺之学，余不屑为。至于鲜衣华食，贪淫务博，尤非余意中所喜。男儿生世间，惟冀有以自效，使愚夫愚妇无不被己泽，方不负出阳间一番。兢兢业业，读圣贤书，所学何事？余力向至诚，犹不免粗心浮气，不可不力自反也。古来英雄豪杰，无不自磨折出，经一番磨折，必多一番振作，所谓好事多磨。今晨同父亲言，正好鼓奋精神，前进勿复，切切以见贤思齐为念可也！

查辅绅的日记笔触细腻，文字凝练。在他的言志咏怀中，在在可见先儒懿言道德要旨，字里行间充溢着对流光空逝、年华虚度的忧虑，亦时常流露出睥睨乾坤、浮云富贵的自我期许。从其间的纷涌思潮中，我们仿佛看到这位二师学生磊落不羁、反躬自省的模样……

数年前，笔者在屯溪老街觅获一刊本之复印件，该书题作《汉镜斋堪舆小识》，全书约70页，这是民国时期皖南颇为有名的一册风水著作。该书的作者查国珍（字玉犨，号汉镜斋主人），从封三的自述来看，该书应是他五十岁之前所作。书中附录有婺源《星江报》所载的《数理家查玉犨刊行〈堪舆小识〉》一则："九区凤山查玉犨先生，结业于安徽优师，湛深数理，执教皖省，南北造就颇众。近年来，于教课之余，涉猎堪舆书籍，于玄空理气推究极深。其学以中国古代河洛理数为本，

查辅绅《日记》

证明堪舆为吾国一种玄妙哲学，其吉凶应验之理，比之今日之无线电，而玄妙更进若干层。著有《堪舆小识》一书，刊行问世，以科学脑筋谈古代哲学，为吾国国粹放一异彩。其友洪瘦樵见而善之，称为蒋云间、刘青田而后一人，是亦我邑著作界之特色也。""九区凤山"即婺源东北乡的凤山，而"安徽优师"应当是指设在省会安庆的安徽优级师范学堂。作者受过现代教育的洗礼，后曾任教于二师，标榜以"科学脑筋谈古代哲学"，颇为与时俱进。书中内容炫异矜奇，不仅有对传统坟墓的堪舆，而且还有相当时式的"公墓设计"。查国珍后来曾任婺源县教育局长，但即使是在公职任内，他也"到处宣传，不时下乡应聘，替各地富户，迁葬祖坟"。(《安徽教育行政周刊》第三卷第三十七期)这些，也从一些侧面反映出师范教育对一些毕业生的影响。事实上，当年二师的主事者就认为：东方文明端在精神，西方文明乃在物质，第一次世界大战是物质文明被判死刑的时代，有鉴于此，提倡佛学，讲求精神文明，正是大慈大悲救苦救难，于人类"功德无量"。为了修身养性，就必须让

民国《安徽省立第二师范学校职员学生通信录》油印件

（见王振忠主编《徽州民间珍稀文献集成》第 8 册，复旦大学出版社 2018 年版）

学生"尽性学佛，尽伦学孔，道学为体，科学为用"。而从两位查姓毕业生和教师的情况来看，不难看出师范教育的时代烙印和区域特色。上述的两个例子说明，不了解清末民国徽州的师范教育史，或许我们便难以对晚近的民间历史文献做出准确的解读。

由于师范教育与二十世纪徽州的社会变迁、文化发展关系极为密切，有关徽州师范教育的问题还有一定的开拓空间。仅以资料的发掘为例，就仍有不少可以进一步着力之处。例如，在徽州，一些师范教育方面的专刊以及相关的民间抄本仍有待于进一步的发掘、整理和研究。而近现代报刊资料（特别是徽州同乡组织的刊物）上，也有不少有关徽州师范教育的精彩论述，倘能广泛收集定有更多的斩获。此外，为广拓见闻，口述调查似乎亦是亟待展开的一项工作。当然，也正因为如此，更加凸显了该书选题的学术纵深感。换言之，《徽州近代师范教育史（1905—1949）》一书，为清末民国徽州教育史的研究奠定了重要的学术基础，后人可以在此基础上，从社会文化史的角度覃思细绎，继续探讨二十世纪徽州的教育与社会变迁。

（原载于《读书》2013 年第 10 期）

信有人间翰墨香

十八世纪后期，浙江有一册图文图书，因供奉宸赏而声名大噪。这部让南巡的乾隆皇帝龙颜大悦之《太平欢乐图》，书中有一幅图，反映的是当时市面上颇为畅销的"新安墨"。"新安"是徽州府的前身，所谓新安墨指的便是徽墨。画幅中，一位头戴暖帽、面朝左看的清朝人，左手拎着一个蓝色包袱，右手捧着一盒徽墨，图说曰："徽州之新安墨盛行于浙，凡携箧走书塾觅售者，新安墨也。"这是有关徽州墨商的一条珍贵史料，反映了盛清时代徽墨在长三角一带的流行。结合图像与文字，可见当时的徽州墨商，将徽墨放在蓝布袋内，沿途叫卖，并前往各处的私塾中兜售……

自公元十世纪以来，中国墨业的中心便自河北转移到了皖南的歙州（即后来的徽州）。当时，奚廷珪随父亲奚超从"风潇潇兮"的河北易水，迁至皖南的歙县。奚超是位制墨高手，他抵达歙州以后，发现黄山白岳之间松树苍郁，水质又好，是制墨的极佳场所，遂决定卜居于此，以制墨为生。他们在当地制作松烟墨，质量上乘，受到了南唐后主李煜的赏识，奚廷珪也因此被赐姓为李，后世遂以

从黄山白岳到东亚海域

"李廷珪"留名青史。

在科举时代，徽墨除了作为一种实用的书写工具，还被当作精美的艺术品，供文人把玩鉴赏。正因为如此，徽墨也被当作送礼的佳品，在国内外广泛流通。十六世纪中叶的嘉靖年间，日本和尚策彦周良两度作为使节前来中国，后来，他将两次出使的经历撰述成文，此即著名的《策彦和尚初渡集》和《策彦和尚再渡集》。书中，就多次提及作为礼品的徽墨。及至清代，徽墨在日本、朝鲜、琉球等地都相当著名。徽州制墨名家方于鲁编纂的《方氏墨谱》，在江户时代（1603—1867）还被收入日本文人所编的画谱中。

从现存的贸易资料来看，在清代，徽墨曾大批远销海外。据日本学者永积洋子所编的《唐船输入品数量一览（1637—1833）》记载，江户时代每年都有不少"中国墨"远销日本。另外，日本唐通事编纂的教科书《译家必备》中，就曾提及长崎贸易中的"三百挺徽墨"。显然，唐船输入品中的"中国墨"，主要指的应当就是徽墨。关于这一点，也得到了现存于日本的诸多中国"访帖"之证实。

所谓访帖，也写作仿帖、仿单，亦即当年随附于商品中的纸单。这些访帖，或作为外包装，或夹在商品包裹之内，类似于时下的商标、广告或产品说明书。在江户时代，一些日本人热衷于收集来自异域的此类访帖，这不仅在当时的笔记、文集中颇有所见，而且也还有不少相关的实物遗存可资佐证。譬如，日本早稻田大学图书馆收藏有江户时代的《惜字帖》二册，收录了三百余件自中国输入商品的访帖、标签和印记等。根据台湾学者刘序枫教授提供的背景资料，搜集者森岛中良（1756—1810）是江户中期的兰学者，出生于著名兰学家庭之桂川家，该家族世代为德川幕府的御医，其兄为知名的兰学者桂川甫周。森岛中良除了擅长医学之外，也是知名的文学家、博物学家。他对海外异国的风俗情报、语言、地理等极为关心，著有《红毛杂话》《万国新话》《类聚红毛语译》(《蛮语笺》)《琉球谈》《海外异闻》《俗语解》和《桂林漫录》等。其中，《惜字帖》系由森岛中良搜集并加注记，于日本的文化甲子（1804 年，清嘉庆九年）装订成册，此后仍续有收集。在该册访帖、标签、广告、商标等的剪贴簿中，有不少兜售徽墨的广告。例如，曹素功便是开设在苏州的一爿墨店：

> 徽歙曹素功法墨……年制法，……因无耻之徒，假冒本斋字号，将不堪低货，欺骗客商，虽□□不能□□□，鱼目亦恐混珠，最□□斋□来孙尧千数峰氏，在姑苏南濠开张内店发客，□□□□贡品门市，照徽法制，货真价实，童叟无欺，只此一处，各省并无分店。赐顾者，须认明姑苏南濠信心巷南首下□曹素功墨局内店曹数峰氏为记，□□。

上述这份粉红色的访帖，因年深日久早已漶漫不清。据文献记载，明末清初，曹素功的创始人曹圣臣开始制墨。后于清康熙六年（1667 年），在徽州歙县岩寺镇（今属黄山市徽州区）正式创设曹素功墨庄。相传康熙南巡时，曹素功进呈徽墨，极受赏识，受御赐"紫玉光"三字。此后，乾隆皇帝也对曹素功墨颇多赞赏，以至于"海内巨卿贡墨，皆取制于曹氏"。乾隆四十七年（1782 年），曹氏家族析产，兄弟四人中，除长兄名不见经传之外，三个弟兄各设一分支独立经营。其中，六世孙曹尧千、曹德酬迁至苏州开设墨肆。

尧千氏墨庄，对制墨品质精益求精，在销售时更是爱惜羽毛，以信誉为上。据说，该墨庄素有"三不卖"之说，即：新墨不过一年的不卖，墨锭外观不平整的不卖，墨锭裂缺者不卖。凡是不符要求的墨锭，坚决返工重做。嘉庆年间，适逢清廷向徽州征召"制墨传习者"，曹尧千被招入京师制墨，艺惊四座，闻名天下。对此，曹素功特制"金殿余香"墨为纪，故后世奉"尧千氏"之墨为曹氏墨品之冠。

　　除了曹素功之外，当时在苏州还有不少其他的墨庄。《惜字帖》中有一张商标，其上写着"徽州吴天章监制顶烟香墨，发兑不误"，所谓顶烟香墨，显然是形容徽墨的质量和香味。而另一张访帖上的文字则有："姑苏阊门内詹侔三号制办御用真香、油烟贡墨，赐顾者认明本号，庶无差误。"阊门一带是苏州最为繁华的商业区域，詹侔三是来自徽墨名乡——婺源虹关的徽州墨商。这些，都是由徽州墨商直接开设的墨庄。其时，由于徽墨特别有名，故而即便并非徽州人开设的墨庄，其他的文具店也都以售卖徽墨为荣。例如，湖州钱桂艇笔店"开张姑苏玄妙观东首三门巷口，精制各种纯毫乡会名笔，兼兑徽墨、贡硃"，湖州是盛产毛笔的地方，当地人在苏州开设的笔店，也搭卖徽墨。另一片"姚文运斋望记"文具店，"向在姑苏阊门内乐桥东堍汤家巷北首下岸，开张有年，监制精工进呈湖笔全副画笔、十锦送礼过洋套笔、重香徽墨、贡硃、端砚俱全，士商赐顾，须认明招牌无错"。该商标背景是冰梅纹图案，颇为精致。文中提及的"过洋"，在这一批访帖中颇有所见（如另一个例子是"过洋奇香"），这说明有些商品是专门针对海外贸易之需而生产的。这些，显然可以与《唐船输入品数量一览（1637—1833）》比照而观。

　　在清代，由于徽墨名气太响，故而来自中国的墨品，绝大多数

徽墨访帖

苏州徽墨访帖

苏州"姚文运斋望记"访帖

都打着徽墨的旗号。例如，上海的"老文元复记""计开笔目，每枝实价，划一无欺"。访帖中虽说"笔名甚繁，不能细载，装潢另算"，但亦列举了近两百种笔的价钱。另外还注明该店兼售徽墨、端砚、名人法帖等。在清代前期，自浙江乍浦前往日本长崎的商船中，有不少"福州船"，这些船只运送了相当多的福建物产（如莆田桂圆、福州线香等）。在访帖中，就见有"福省澹宁堂""福省学院前对门陈大兴""福省南街蒋瑞元凤仪"等文具店，他们都曾运输"顶烟徽墨"。有意思的是，各店都不约而同地指斥"一二无耻，仿式诈名"，故而在访帖、广告中信誓旦旦地提醒顾客"惟祈藻鉴，细查招牌印号，勿被蒙混是幸"。揆诸实际，文中的"福省"，是指福建省会福州，在当地，的确也有徽州墨庄（主要来自婺源）存在，上述的商品也不排除有些是从徽州墨庄批发而来，但无疑也有相当不少应是假冒"徽墨"的名号。

上揭的"福省南街蒋瑞元凤仪"文具店，具体开设在福州南街

从黄山白岳到东亚海域

福州"澹宁堂"访帖　　　福州"陈大兴"访帖　　福州南街"得意堂"访帖

的花巷，店名为"得意堂"。关于这一点，亦见松平齐民（1814—
1891）的《艺海余波》第三集。松平齐民为日本江户末期美作津山
藩主（今冈山县津山市），是幕府第十一代将军德川家齐的十四子，
后过继为津山藩主为嗣子，于天保二年（1831 年）继任为第八代藩
主。其人生性风雅，酷嗜书画。与森岛中良相似，他也热衷于收集各
类访帖。《艺海余波》全书共十七册，内容包括各类的诗文、书画、拓
本、印谱、广告和传单等。其中，也有不少有关徽墨的访帖。例如，
在《艺海余波》第十一集中就有"徽歙曹素功"的访帖，而在十三集
则有"曹素功，精造进呈贡墨，纯毫湖水名笔，真不二价。开张上洋
小东门内察院西首第三家"。与前述所引不同，这是迁往上海后的曹
素功墨店之访帖。对此，第十四集中更有相当具体的一段文字：

　　徽歙曹素功，按易水法制墨，历来二百余年，自康熙时办
贡至今，各省海外闻名。近因射利之徒，以假冒真，希图惑骗，
是以本斋来孙尧千氏，向分姑苏，开张有年，今来上海小东门
内设立一店，贡品、官礼、徽墨、歙砚、湖笔、银底、罗经发

客，货真价实，童叟无欺，凡绅商赐顾，须认曹素功尧记招牌图章，庶不致误。

对照前引《惜字帖》中的曹素功访帖，当时声称徽墨制作系"照徽法制"，而此处则注明系"按易水法制墨"，从而将曹素功制墨的技术上溯自公元十世纪。另外，访帖还强调曹素功曾在康熙年间办贡，因此蜚声远近。发布此一访帖的商家为新迁至上海小东门的曹素功尧记，该店除了兜售徽墨之外，还兼卖歙砚、湖笔、银底、罗经等。特别是罗经（亦即罗盘），在传统时代，罗盘总是寄售于墨店，这大概是看重墨店商业网点众多的缘故吧。

另外，《艺海余波》第十七集中还有一张深红色访帖：

太平天国之后"曹素功老店"访帖（《艺海余波》）

徽州曹素功老店，向开姑苏南濠信心巷口，历有二百余年，货真价实，天下闻名。近多射利之徒，以假冒真，致有鱼目混珠之误，是以本斋来孙尧千氏，向遵高高祖法监制。缘咸丰十年匪扰苏省，今迁立上海小东门内察院西首第三家，双间朝南门面开张，以辨假而崇真，所有贡品、徽墨、歙砚、湖笔、硃锭、按度罗经、硃砂印色发兑，绅商赐顾者，须认尧记图章不误。

该访帖从一个侧面提及太平天国兵燹战乱对曹素功墨庄的影响。据可靠资料记载，清同治三年（1864年），九世孙曹端友从苏州迁至上海定居，在小东门方浜路开设艺粟斋，成为制作徽墨的著名字号。

十六世纪以还，徽州墨商的营销网络广泛分布于江南各地。除了徽墨商品输入日本之外，江户时代还有中日制墨技术的频繁互动，这是民间物质文化交流的一个重要内容。江户时代日本著名的墨商松井元泰，从其父亲一辈开始，就认真钻研中国的制墨方法。元文四年（1739年，乾隆四年），经过官方的特许，松井元泰曾亲自前往当时的"锁国之窗"——长崎，会见了从事中日贸易的数名清朝商人，对中国墨详加探究。他还通过前来长崎贸易的中国海商，与

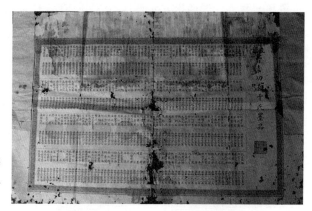

《徽歙曹素功尧千氏墨品》（私人收藏）

曹素功墨（上海笔墨博物馆藏）

在苏州一带经商的曹素功以及詹姓婺源墨商有过交流。宽保二年（1742年，乾隆七年），松井元泰刊行了《古梅园墨谱》，此一墨谱，显然是模仿明代的《方氏墨谱》和《程氏墨苑》等，其中，就特别记录了徽墨的图式。透过《古梅园墨谱》等域外文献，我们对徽墨之海外流通及与之相关的文化交流，有了更多的了解。当然，国内现有学者认为，松井元泰曾到过中国，与徽州墨商特别是婺源墨商有过一些技术上的交流，这完全是一种误解。持此观点者未曾读过《古梅园墨谱》，遂有这类想当然的看法。其实，在江户时代日本推行"锁国政策"，只开放长崎一口与中国和荷兰通商，本国任何人都不得离开日本，墨商松井元泰自不例外。在这种背景下，他又焉能前往苏州与徽州墨商展开交流呢？他们之间的互动与交流，只能是透过前往长崎经商的中国商人，这是显而易见的一个问题。

　　另外，如果说乾隆时代徽墨在日本一枝独秀，那么及至曹素功迁居上海前后，日本经过长期的吸收、融合，和墨技术有了突飞猛进的发展。《艺海余波》第十五集中就收录了一份日本万延二年（1861年，咸丰十一年）的《法古斋拣选文具略录》，个中列有和笔、唐笔、和墨、唐墨、和砚、唐砚、唐纸、印材。其中，和墨是指"南都制造油烟、松煤、唐法诸名家所用墨数品"，而唐墨则是"新古名墨数品"。在这里，唐笔、唐墨、唐砚等被置于和笔、和墨、和砚之后。这爿开设在江都（今东京）大传马第三街的笔墨店老板高木寿荣不无自得地标榜："本铺所鬻之文房，制造用意，真伪品定，久蒙赐顾……"明治十九年（1886年，光绪十二年），大阪人铃木梅仙出版了《墨苑清赏》一书，当时，他邀请了一些著名文人为之撰序。其中有一篇序文踌躇满志地写道：

我国制墨创于高丽僧昙徵，后普传其方，海内便之，而纪
伊藤白墨、大和古梅园等最显。铃木梅仙，纪伊人，夙尽力藤
白墨，既而谓制未及清墨之精良，故清墨输入日多，是不独吾
业之愧，亦我国之耻也！于是苦思刻虑十数年，废寝食，倾家
产，竟得其方，并悟鉴识之法，皆古人所未发。……梅仙数为
余制墨，寄赠之，其精良实胜清墨数等……

　　此处的"我国"系指日本。由此可见，明治时代的日本民族主
义情绪高涨，制墨之精良与否被视作事关产业与民族声誉的大事。
《墨苑清赏》一名"墨苑呓语"，若以序文中的言论所及，称之为
"呓语"或许亦不为过。从总体上看，尽管和墨大有长进，但徽墨亦
仍有其独到之处。江户时代日本人对于徽墨的爱好，一直沿续到了
明治以后（晚清、民国时期）。东京银座二丁目的乐善堂书房，专门
贩卖"吴吟轩精制各种湖笔"和"曹素功精选各种徽墨"。仿帖的
右上角，盖有"真不二价"的红印，这明显是受中国江南商贸习俗
的影响。揆诸史实，"不二价"或"真不二价"，至迟自明代中叶起
便是苏州的商业招幌，及至清代，更是长崎贸易中商人所惯用的口
号。这一点，曾引起日本人的高度关注。江户后期的汉学者大田南
亩（1749—1823），在其所撰的随笔《一话一言》卷21"茶膏"条
下，就饶有兴致地记录了标榜"（真）不二价"的苏州商品。从"乐
善堂发售湖笔徽墨仿帖"来看，其中的"曹素功精选各种徽墨"多
达数十种。而十八世纪与曹素功颇有交往的古梅园，迄今仍是日本
尚存的著名制墨老铺。这爿坐落于奈良市椿井町的古梅园，在二十

日本东京"法古斋拣
选文具略录"

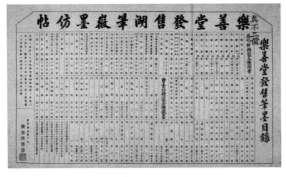

日本东京"乐善堂发
售湖笔徽墨仿帖"

世纪八十年代初，为了庆贺墨店创建四百周年，曾向曹素功墨庄发出
邀约，提议由两家墨庄联合生产纪念墨。此项合作，系由古梅园提供
墨的造型和墨面图案，曹素功则负责墨模制作以及雕刻，墨为圆形的
"白凤墨"，两墨庄各生产四百锭，分别题款，合璧成对，寓意四百周
年庆诞。此一事件，成就了中日民间物质文化交流的又一段佳话。

（原载于《文汇学人》2017 年 1 月 6 日）

叶名琛的家世与交游

（一）

第二次鸦片战争期间，英军攻陷广州城，两广总督叶名琛被俘，图圄幽禁于印度的加尔各答，1859年死于该地，他是有清一代唯一一位当了西方侵略者之俘虏又客死异国的封疆大吏。针对叶氏在战争期间的所作所为，当时民谣怨谤山积，讥讽他"不战不和不守，不降不死不走，相臣度量，疆臣抱负，古之所无，今亦罕有"。迄至今日，尽管对他的评价并不完全一致，但一般说来，此人常被视作颟顸官僚之典型。

关于叶名琛，近代史学界论述已多，但宥于关注的焦点，对叶氏家世及其交游仍语焉未详。譬如，澳大利亚学者黄宇

两广总督叶名琛画像

和早在二十世纪七十年代就出版有专著（其汉译本《两广总督叶名琛》，于1984年由中华书局出版）。在书中，他有一小段文字论及叶名琛的家世：

> 叶氏原籍江苏溧水。明朝末年，在汉口开了一家药铺，牌号叶开泰。这家药铺经营得法，自制的各种丸散膏丹名闻远近，后来成了全国著名的药店之一。到十八世纪初，叶家在汉口、汉阳等地已购置了不少产业。店主叶廷芳就从溧水迁到汉阳定居，从此遂为湖北汉阳人。

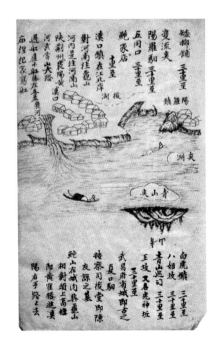

这样的概述，在总体上符合基本的历史事实。不过，叶氏的祖籍应出自徽州府黟县，该家族成员于明初迁往江苏溧水塔山渡。明代中后期，因湖北汉口镇逐渐成为豫、鄂二省药材的集散地（当地有药帮巷、茯苓巷等，皆因药商集中而得名），叶家看到了其间的商机。1637年（明崇祯十年），深谙

明末清初徽州商编路程中的汉口，西陵憺漪子《士商要览》抄本（王振忠收藏）

医理的叶文机将一家迁往汉口。此后，恰逢洞庭湖流域瘟疫流行，叶氏悉心救治，成绩卓著，遂于汉口镇鲍家巷口开设了"叶开泰"药店，一面悬壶应诊，一面研制成药贩卖。

关于"叶开泰"的经营活动，早期的文献颇为匮乏，此前比较详细的资料仅见民国年间《申报》上的广告：

> 本店祖训，不准另开分店。自开设汉镇鲍家巷三百余年，甲寅六月因屋朽，迁至大夹街陶家巷口，交易照常……

此处的"汉镇"，指的就是湖北汉口镇，而鲍家巷则位于汉口的紫阳书院附近。紫阳书院亦称新安书院、徽国文公祠，系清康熙三十四年（1695年）由徽商合力创设，实际上也就是汉口的徽州会馆。之所以称为"紫阳"，是因为徽州会馆内通常奉祀南宋理学家朱熹（其别号为"紫阳"）。明清以还，朱熹是徽州文化发达的象征，而在异地他乡，"紫阳"则成了徽州商帮的精神支柱。1735年，徽州人又在汉口开辟了新安马头，建立魁星阁和紫阳坊，北接新安街，形成了规模宏大的徽州人聚居区。在华中，民间素有"天上九头鸟，地上湖北佬"的说法，为了应对侨寓地激烈的生存竞争，飘泊异乡的徽州人只能抱团取暖，以群体的力量与土著抗争——"哪怕你湖北人刁，徽州人要买断汉口的腰"，这句俗谚说的便是徽商呼朋引类兴建徽州会馆，在汉口镇的黄金地段形成徽人社区的过程。而"叶开泰"开设的地点，无论是早期的鲍家巷，还是民国初年迁至的大夹街陶家巷口，皆与紫阳书院相距非遥。广告中的"甲寅"，即1914年，所谓三百余年，似乎是一般商家惯常的夸大其词。

清代的汉口镇，1806年（图上有新安书院、鲍家巷）

（二）

　　近十数年来，笔者在皖南收集到数件"叶开泰"的珍贵史料，弥补了早期文献之不足。其中之一为"汉镇陶家巷叶开泰号各种药目单"，画面上方见有一仙风道骨、笑容可掬的老者，右手拄着用仙桃枝干做成的拐杖，左手则拿着一个硕大的灵芝，仿佛在向世人推销"叶开泰"的各类药品。人物画的两侧则书有：

　　本号开设汉镇已历三百余年，自运参茸燕桂，采办道地药

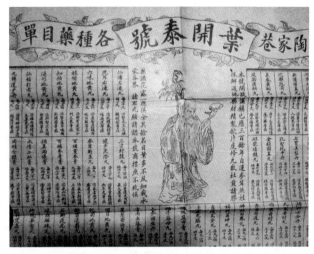

《汉镇陶家巷叶
开泰号各种药目
单》（民国石印）

材，精制饮片，虔修丸散，杜煎诸胶，药酒花露，一应俱全，
其余名目繁多，不及细载。承蒙各界诸君光顾，请认本号商标，
庶不致误。

该份广告中罗列了二百种左右的药品，由汉口河街鲍家巷万钰
美石印局梓行，显然是晚清以后的印刷品。除了这份广告外，更为
重要的是一册嘉庆年间的刊本，扉页上题着"叶开泰号／开设汉镇，
只此一家"，其序曰：

……本店自前明迄今，开设历三百余年，所制胶丹丸散久
著成效，其选料之真，修合之诚，见信于四方君子者，固不待
言。诚恐本店所售丸散，用者未必周知，……殊失居停奕世虔
诚修合之本意也。兹特将本店所制丸散，分门别类，胪列目录，

《叶开泰号虔修诸门应
症丸散》(1816年)

详注症治，刻成卷帙，传布四方，俾观者一目了然，对症用药，
疾苦顿释，庶不辜居停率承先世一片至诚心也。

嘉庆丙子春三月黟人月岩氏谨辑于嘉会堂之西梅妆阁。

　　在清代，一些著名的中药店都刊刻有相关的药目简介（如常见
的晚清红顶商人胡雪岩之《胡庆余堂雪记》丸散目录刊本），不过，
刊本《叶开泰号虔修诸门应症丸散》应属更早的一种。序文中的
"嘉庆丙子"，即1816年。"黟人月岩氏"为何许人不得而知，不过，
其中曾两度提到"居停"，则序文作者的身份显然是"叶开泰"药号
的经理之流。至于其前标有"黟人"，则说明他来自叶氏的桑梓故
里。一般说来，徽商在外开店设铺，所聘的经理通常是来自家乡之
亲朋好友。叶开泰药号中的一些职员也称作"朝奉"，而"朝奉"之
类的称呼亦最早源自徽州。在明清世情小说中，"徽州朝奉"令人耳
熟能详。这些，都从一个侧面反映出——寓居汉口徽州人社区的叶

氏，尽管辗转迁徙，但对黄山白岳仍然有着强烈的地域认同。

该册刊本除序文外，其后列有"叶开泰号虔修诸门应症丸散"，分为补养门、脾胃门、风痰门、燥火门、痰嗽门、暑湿门、气滞门、眼目门、咽喉口齿门、妇科门、小儿门、外科门和杂治门，书末另附有各类胶丹、丸散。其中不乏如今仍耳熟能详的一些著名中药，如十全大补丸、六味地黄丸、牛黄清心丸、通关散、藿香正气丸、万应膏和神效冻疮膏等。每种丸散除列出名称之外，均注明所主症状、疗效及其价格。如十全大补丸，就属于上揭的"补养门"：

> 治气血两虚，脾胃齐损，倦怠自汗，精神短少，畏热畏寒，大虚大弱，诸病有大补神功。每斤银二两四钱。

这是温补气血的一种中药。而"老奴丸"则针对更为具体的症状：

> 大兴阳道，年老无子，中年阳痿，两肾大虚，下部虚寒。常服益寿延年，添补精髓，久有神验。每斤银一两二钱。

在"叶开泰号虔修诸门应症丸散"之前，刊本中还专门注明："本店一向附卖广东各样蜡丸，今市中多有售者，其价甚贱，以假乱真，启人之疑，是以药目中概行削去。"从汉口的地方文献来看，清雍正、乾隆以来，当地市面上"洋货新奇广货精"，成了一般人的共识。从徐志《汉口竹枝词》的描述中，我们不难理解"叶开泰"附卖广东各样蜡丸的原因所在。作为"广货"的蜡丸，当时应深受世人的欢迎，于是，及至刊本成书的年代，市面上出现了廉价的假冒伪劣，迫使"叶开泰"为保证药品的质量，在药目中将广东蜡丸悉数剔除，只留下本号自制的药品。

中国虽然是儒学的故乡，仁义道德的说教随处可见，但在现实生活中，这里是骗子的乐园，假冒伪劣充斥于所有领域各个角落，令人防不胜防。在这种背景下，当个中国人真是无比的辛劳，无论是卖药的还是吃药的，随时都要防备着"吃药"。其时，在汉口，"药店全凭铺面精""货物都夸本号佳"。前引刊本扉页上虽然注明"叶开泰号 / 开设汉镇，只此一家"，但在当时及稍后，汉口仍然开起了"开泰""朱开泰"等多家足以鱼目混珠的中药店。故此，叶开泰的一份广告颇为郑重其事：

> 启者，本号开设汉镇数百余年，所制各种丸散膏丹，均选地道药材，所以服之均有效验。迩来人心不古，欺诈万端，近有不法之徒伪造假药，冒本号牌名，朦混渔利，现经秘查，发觉禀官，从严究办，伪药误人，遗害甚大，特此通告各界惠顾诸君，务希注意为要。汉口叶开泰特启。

上述的"数百余年"与前揭之"三百余年"，均追溯明末汉口"叶开泰"之开设。事实上，及至清乾隆年间，叶氏子孙蕃昌，世族昭著。其后人叶宏良不仅擅长理财，而且善于治家。叶宏良之子叶松亭科举入仕，孙子叶继雯、曾孙叶志诜、玄孙叶名澧继承祖业，使得药店规模不断扩大，闻名遐迩。1859 年，以"海上苏武"自居的叶名琛去世后，他被族人塑造成坚守民族气节、"义不食英粟"的典型人物，这更成了"叶开泰"号的金字招牌。及至晚清民国时期，此一事迹与国人购买国货、抵制洋货的宣传不期而合，从而更增强了"叶开泰"的信誉，为其拓展药品销路提供了诸多便利。这些当然都是后话，不过，迄至今日，徽州人仍将"叶开泰"视作成功徽商的典型代表。

（三）

由于席丰履厚，叶氏家族贾而好儒，纷纷将商业资本转化为文化资本。叶名琛的祖父叶继雯号云素，家藏图书八万卷，他与当时前来北京朝贡的朝鲜燕行使者多有交往。其子叶志诜字东卿，生于1779年，精于养生，亦通针灸，所辑医书颇多，计有《神农本草经赞》《观身集》《颐身集》《绛囊撮要》《信验方录》《五种经验方》和《咽喉脉证通论》等（收入《汉阳叶氏丛刻》）。此外，他还凭藉家世的巨额财富，成为著名的金石收藏家，著有《平安馆藏器目》一卷、《平安馆碑目》八卷、《高丽碑全文》八卷。叶志诜曾赋诗自称："我生嗜古勤搜索，左右罗陈殊卓荦。"他是翁方纲的弟子，翁、叶等人经常在苏斋共同鉴赏金石碑版，切磋交流。而翁方纲的《复初斋诗集》，就是由叶志诜于1845年秋出赀重刊。此外，他与朝鲜学者亦过从甚密。美国哈佛燕京图书馆收藏有朝鲜收藏家李祖默（号六桥）的《乌云稿略》，该书之序即由叶志诜所作，书中涉及李祖默与清朝文人翁方纲、翁星垣、叶志诜等人的交游。另外，叶志诜与朝鲜学者金正喜、金山泉（正喜之弟）亦过从甚密。

在祖、父辈与朝鲜人的交游中，叶名琛亦时常随侍左右。1832年，朝鲜译官李尚迪作有《怀人诗》，记录了他与中国文人的交游，个中就提及叶东卿（志诜）、叶琨臣（名琛）、叶润臣（名澧）。关于叶名琛，李尚迪这样描述："琨臣美如玉，天然寡笑言，日校天禄书，鸣珂趋鹭鹓，秋风好相访，报捷喜在门。"（《恩诵堂文集》卷3）这首诗对叶名琛的相貌以及性格、癖好等，皆有生动的刻画。字里行间，赞颂了其人之素性端方，言行不苟。

将近一百年前，在汉城帝国大学任教的日本著名学者藤塚邻，收集有不少中国士大夫与朝鲜文人的往还尺牍。其中，有一封叶名琛写给金山泉的信函：

再启者，寄上《墨法集要》一册，制造之法，此为大备。然中华十八省造墨者，惟徽州歙县，其地有易水，必此合胶，方为最良。又山有桐木，必此薰烟，方能最细。所以墨上之花样细如毫毛者，皆烟细之故，且蓄胶以二十年外者方佳，然迁地弗能为良，故他省亦无造墨者。家大人所造用墨，皆托友人赴歙制造，每墨一两，以白银一两易之。兹寄上十笏，皆精品也。歙于楚地相去千里而遥，是以托制亦较易。墨固欲陈，然太陈则胶性解散，墨光亦复黯淡，方今所存明时方、陈诸家之墨，皆宜合药，不宜研磨尔，又及。

附呈高其佩指墨一帧。

《墨法集要》一卷。

《枲苧园石刻》一部。

选烟五笏，伏祈收存。

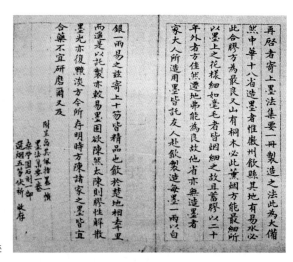

信中的"家大人"，即指叶名琛之父叶志诜。从中可见，叶名琛送给金山泉的礼品有几样。其一是高其佩的"指墨"。高其佩为奉天辽阳人，官至刑部右侍郎，以指头画名擅一时（指头画之手法不用笔而求诸手指，故称"指墨"）。其二是《墨法集要》，该书为明人沈继孙所著，是有关油烟墨制作技法的专著。其三是《棻苧园石刻》一部，"棻"即桑，明武宗时人郑善夫以切谏罢官，后归乡筑室白湖，名桑苧园，《棻苧园石刻》不知是否与其人有关？其四"选烟五笏"，但信中则说是"寄上十笏"，显然稍有出入。

明清时代，在中国人与日本、朝鲜人的交往中，徽墨通常被作为重要的礼品相馈赠。叶名琛虽然祖籍徽州，但他对于徽墨制法之见解颇多讹误。信称"徽州歙县，其地有易水"，这完全是地理概念上的错讹。晚唐五代时期，河北易水人奚廷珪迁至歙州，因所制之墨质量上乘，受到南唐后主的激赏，赐姓为李，故后世改称李廷珪。由于制墨技艺的传承，明清时期亦称徽墨制作技术为"易水制法"，但这并不是说歙县当地真有易水。事实上，"风萧萧兮易水寒，壮士一去兮不复还"，与荆轲联系在一起的易水在河北，自然不在皖南。至于"歙于楚地相去千里而遥，是以托制亦较易"一语，"千里而遥"原应是形容路途遥远，与"托制亦较易"似属前言不搭后语。另外，"明时方、陈诸家之墨"，应是指方于鲁、程君房所制的徽墨，故此处的"陈"应为"程"之讹——因为遍窥史籍，徽州并未见有陈姓的著名墨商。在明代，方、程二姓之墨骈肩称雄，时人谢肇淛在《五杂组》中曾指出："今方、程二家墨，上者亦须白金一斤，易墨三斤，闻亦有珍珠、麝香云。"方于鲁、程君房等人的徽墨制品，很多都属贡墨，供明朝皇室御用。自公元十世纪李廷珪制墨开始，就在原料中加入珍珠等，后世踵事增华，在制墨过程中竟加入黄金、珍珠等。叶志诜出自豪富之家，所制之墨每两与白银一两等值，显然并非夸大其词。有些徽墨原料中还包括麝香、冰片、牛胶、熊胆、琥珀、珍珠、玛瑙和黄连等多味材料，可治小儿急慢惊风、咽喉肿疼以及各类无名肿毒，称为药墨。故而叶名琛还说，明时的陈墨"不宜研磨"，只宜于合药，这一点，或许倒是出自中药世家的经验之谈吧！

（原载于《读书》2015 年第 7 期）

门簿：官场文化与拜年习俗

（一）

　　拜年一向是新春佳节的一道风景，而中国人拜年的方式可谓与时俱进。现在，除了见面拜年外，还可电话问候，或通过寄送贺年片、电子邮件等。特别是随着手机的普及，短信或微信拜年更为便捷。当然，上述这些只是最近数十年的变化而已。在清代，不少殷实人家，则是在门口摆放一册让人签到的"门簿"。

　　关于"门簿"，清代嘉道年间，苏州人顾禄曾这样描述：

　　　　男女以次拜家长毕，主者率卑幼，出谒邻族戚友，或止遣子弟代贺，谓之"拜年"。至有终岁不相接者，此时亦互相往拜于门。门首设籍，书姓氏，号为"门簿"。

　　上述的这段文字，见于顾禄所编的《清嘉录》。其主要内容是

男女以次拜家長畢卑幼出謁鄰族戚友或止遣
子弟代賀謂之拜年至有終歲不相接者此時亦互相往
拜于門首設簿書姓氏號爲門簿鮮衣炫路飛轎生風
靜巷幽坊動成閧市薄暮至人家者謂之拜夜節初十日
外謂之拜燈節故俗有有心拜節寒食未延之謔林宮梵
字亦交相賀歲或粘紅紙袋于門以接帖署曰接福或曰
代僮范來宗拜年詩云走賀紛闐歲簫匇更素非識面也關
情添丁誇列懷中刺過午飛留簿上名羽士禪師同逐逐
東家西舍盡盈盈春明舊夢還能記翩福輪蹄內外城

《清嘉录》卷1"正
月·拜年"条，和刻
本（日本早稻田大学
图书馆藏）

说，拜年是按亲疏关系，有的是亲自去，有的则派子弟前往。平常
没有什么见面机会的，也乘这个时候相互前往对方府上拜年。通常
情况下，主人是在门首设一簿册，此即"门簿"。

顾禄字总之（一字铁卿），是清代嘉庆、道光时人，他所编撰的
《清嘉录》，生动展现了十八、十九世纪之交的江南风俗。当时，这
种正月于门首设"门簿"的做法，在东南一带颇为普遍。例如，在
杭州，民间也有设"门簿"的做法：

> 贺客沓至，设门簿书姓名，簿签标曰"留芳"，或曰"题
> 凤"。铺家设籍门外，以红笺束葱茎、松段压之，取葱茏松茂之
> 意云。

该段记录出自清人舒绍言等所撰的《武林新年杂咏》，其中指

出，门簿上的题签为"留芳"或"题凤"。并且说，商人店铺还以红色纸笺捆束葱茎和松段压在门簿上面，取其"葱茏松茂"之寓意。

在《武林新年杂咏》中，另一位杭州人姚思璋，也写了一首《门簿》诗：

> 奔走真如织，涂东又抹西。
> 金兰从簿点，凡鸟到门题。
> 家有一编置，名应千佛齐。
> 还看飞帖在，彩笔未曾提。

原诗"千佛齐"后小注曰："亦谓之题名录。"显然，"门簿"也叫"门籍"，亦称"题名录"。"奔走真如织，涂东又抹西"，是指四处拜年颇为忙碌。末了提及的"飞帖"，则指以红色名刺答拜。关于这一点，顾禄在《清嘉录》中指出："有遣仆投红单刺至戚若友家者，多不亲往；答拜者亦如之，谓之'飞帖'。"这是江南的情形。而在江北，真州（即今江苏仪征）一带，也有新年设门簿的做法：

> 主人高第纵深闳，讵比慈恩寺里行。
> 底事薰风吹若醉，认来塔下自题名。

上述这首诗出自惕斋主人（厉秀芳，1794—1867）的《真州竹枝词》，反映的是十九世纪中叶的仪征风俗。真州位于江淮之间，在清代，此处是淮盐转运的重要码头，侨寓当地的富商巨贾望衡对宇。作者看到新年时人们奔走拜年的场景，不禁感慨系之——究竟是什

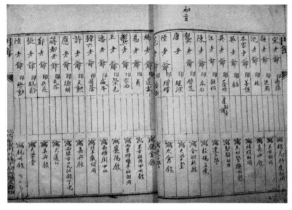

晚清的门簿（上海图书馆藏《沈氏门簿》）

么事让人如痴如醉？就像是雁塔题名般的，纷纷在门簿上留名。

　　不仅南方如此，北方亦有类似的风俗。清人李静山的《增补都门杂咏·风俗门》中，有一首拜年诗这样写道：

　　　　家家名柬贺新年，门簿书来住址全。
　　　　惟有工商尤简便，全从门隙递红笺。

　　这是说在北京，人们往往用名柬相互祝贺新年。在门簿上，除了个人的名字之外，也将自己的住址写得相当完整。只有那些工商之家特别简单，全是从门缝里塞进一纸红笺以示问候。

　　北京的这种新年习俗，至迟自十八世纪中叶起便已蔚然成风。清人翟灏在《通俗编》中，专列有"门簿"条：

　　　　京师风俗，每正旦，主人皆出贺，惟置白纸簿并笔、研于几，贺客至，书其名，无迎送也。

翟灏字晴江，浙江钱塘（今杭州）人，乾隆乙丑（1745年）进士，官终金华教授。其人所编的《通俗编》，有清乾隆十六年（1751年）刻本。文后有一按语称："今谓之门簿，其风到处皆然。"可见，新年设门簿，大概是当时全国性的风俗。

（二）

新年时在门簿上书写姓名、地址的做法，究竟始于何时不得而知。不过，"门簿"一词至迟到宋代就已出现。对此，北宋朱彧在《萍洲可谈》中就指出：

> 士大夫以造请为勤，每遇休沐日，赍刺自旦至暮，遍走贵人门下。京官多私居，远近不一，极日力只能至数十处，往往计会阍者纳名刺上见客簿，未敢必见也。阍者得之，或弃去，或遗忘上簿。

此处虽然说的是休沐日，但与后代新年的做法差相仿佛。及至明代，"门簿"一词更是屡见于文献。嘉靖年间的著名官僚海瑞就曾指出："仰各府、州、县官各立门簿一扇，凡乡官举监生员等，入门并差人投递书柬者，把门人即行登记，执簿随行，逐一填注对官言语……"根据他的规定，府、州、县各置门簿，诸生每日有入公门者，记其姓名及相关的对话言语，到年终时上缴，以便稽考。之所以这么做，目的是为了杜绝奔竞干谒之风。

此外，一些官员的私宅亦设有门簿。譬如，稍晚于海瑞的著名戏剧家汤显祖即曾吟诗曰："昼长门簿添过客，夜短窗纱减侍人。"可见，过客来往，都会在门簿上留下姓名。另外，他在"临川四梦"之一的《紫钗记》中，亦设计了"昨日开榜，有个陇西李益中了状元，细查门簿，并无此人姓名"的台词。细绎其意，上述这些，皆是指其时的官宦人家特设门簿，客人晋见入门时，门簿上会留下相关的题名记录。这与清代拜年时的做法颇相仿佛，只是前者是为官家私宅所用而已。

到了清代前期，根据黄六鸿《福惠全书》等的记载，督学使者置立循环门簿下发州县，由门斗负责，记录诸生秀才进出衙门的言行，其目的也是禁止"好事者以奔竞为才华"。此一做法，与明代官场的制度如出一辙。至于官员私宅，同样也有门簿之设。乾嘉时代的著名诗人张问陶曾指出：门簿，"宾客簿也，官京朝者户有之"。乾隆晚期，张氏于翰林院散馆后，官授检讨（从七品），在北京的清水衙门过着闲散的生活。其间，他作有《自题门簿》诗：

> 当关气不扬，门簿殊草草。草草书客名，客名亦何少！
> 主人日高卧，几不辨昏晓。偶然闻剥啄，竟以客为宝。

由于官位卑下，交游未广，所以门簿上的来客记录相当有限。对此，张问陶自我调侃说：为使门簿上的客人看起来多一点，他"今日书其名，明日书其字"，藉此以壮观瞻。天长日久，也就逐渐习惯了冷清的京官生涯。当然，他认为自己虽比上不足，但比下尚且有余——有的京官门可罗雀，门簿虽备却只能束之高阁。

稍早于张问陶的绍兴人金埴，在其所撰的《不下带编》中记载：

> 庚子夏，埴再抵燕，见朝彦群公，遍粘公约一纸于邸馆门左，云：同朝僚友，夙夜在公，焉有余闲应酬往返。自今康熙五十八年己亥岁元旦为始，不贺岁，不祝寿，不拜客。有蒙赐顾者，概不接帖，不登门簿，亦不答拜。至于四方亲友，或谒进，或游学，或觅馆，来京枉顾者，亦概不接帖，不登门簿，亦不答拜，统希原谅，云云。下书："九卿、六部、詹事、翰林、科道等衙门公启。"

文中的"庚子"，应即康熙五十九年（1720 年）。对于此一"公约"出台的背景，究竟是京官一度对于来往答拜不胜其烦？还是中央严令整顿文坛官场、禁止干谒奔竞？因我们对前后历史发展不甚了解而难以确知，不过，揆情度理，此一"公约"怎么看都像是官员廉洁自律的群体性宣示，做秀的成分居多，在人情社会的中国究竟能坚持多久，实在不容乐观。

（三）

用以登记来客姓名、地址的门簿，在晚清也引起来华传教士的

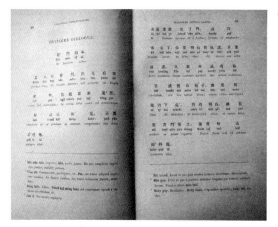

关注。1872 年，法国巴黎出版了传教士 Paul Perny（汉名童保禄，1818—1907）所编的《拉汉对话》（Dialogues：Chinois-Latins），其中有一节叫"看门的事"，对话中就有主人吩咐仆从，将来客姓名"都要写在门簿上，后席好去回拜他"——这当然是入乡随俗的做法。

1913 年 4 月 7 日，梁启超在《与娴儿书》中指出：

> 入都五日，门簿所载客名已三百二十人，接见者约三之一，其劳可想！吾性惟劳乃乐，故精神似尚胜于在津时，明日拟返津作文，数日后复来。看此情形，在都非僦屋不可（大约必须以一半日子住京）。作寓公终不便也。

1913 年，梁启超刚从日本归国不久，便再度投身于其时的政治运动。当年，他在北京仅五天时间，门簿上就记录了三百二十人的名字，平均每天就有六十四人前来拜访。梁氏精力充沛，又喜交游，故其自称"惟劳乃乐"，精神更佳。可惜当年的这些"门簿"并没有保留下来，否则，应是研究梁启超社会交游与政治活动的绝佳史料。

1931年，被不少文化人尊称为"谦谦君子"的书商郭石麒，收购了嘉兴著名学者沈曾植的藏书。当时发现其中有门簿一册，顾廷龙先生慧眼独具，认为此书系"封建社会官场的遗物，可以看到酬应的一些礼节"，故而也是一种史料，遂得郭氏惠赠。为提高此一史料的学术价值，顾先生邀请张元济、冒广生等人各写一段题记。该书现藏于上海图书馆，题作"沈氏门簿"，为馆藏善本。1951年，张元济跋曰：

> 世人知有蓝皮书、白皮书，不知前清京师时尚有黄皮、红皮两种本子。……红面者，京官宅子之门簿，阍人记每日来访之客之姓名、住址及来访之原因，或见或否，有时并及其官[官]职及与主人之关系，以备酬答之用。二者均为居官者每日必读之物。是为吾郡沈子培先生宅中之门簿，时在光绪二十九年。先生方官外务部，卜居于宣武门外上斜街，旋即简擢江西广信遗缺府，出京赴任，道出天津、上海、扬州、九江、南昌，沿途所记，可以考见一时之人物。吾友顾君起潜得诸故纸堆中，持以相示。留阅数日，因记数语归之……

其后的冒广生跋称："中国礼俗，尚于往来。老辈于寻常宾客，若过五日不答拜，则谓为不敬，此门簿之设之所由来。而于婚丧祝寿，尤极重视。不通庆吊者等于绝交；其通者除远道以函谢外，无不踵门，不似后来以踵谢帖付邮，或并谢帖而无之也。"

今阅《沈氏门簿》1册，原簿为北京"琉璃厂东门外桶子胡同龙文斋"所印，封皮及首页为红色，封皮上印有"门簿"二字，并用毛笔书写"□□年岁次癸卯新正吉　立"，首页首行书"爵禄齐加，福寿连绵"八字。由此可见，当时的北京琉璃厂有专门出售此类用以拜谒酬答之门簿。此册《沈氏门簿》系重新装裱过的簿册，全书除封皮外，每面印刷各分四栏，第一栏的中间印一"印"字，"印"字之上用毛笔填写称呼，如"李大人""王大人""刘大老爷"之类，"印"字之下填写大名。第二栏用以填写事由，如"道新喜""拜会""请安""差贺"等。第三栏用来注明彼此之间的关系，如"年侄""年弟"等；第四栏则印一"寓"字，用以填写来访者的住址或暂住地。以《沈氏门簿》所记光绪二十九年正月一日（1903年1月29日）的来访者为例，首列"葛大人，印，宝华，寓松树胡同""沈大人，印，家本，道新喜，寓金井胡同"等。上述这些字迹基本相同，显然出自同一人之手。根据清人杨掌生《京尘杂录》卷4《梦华琐簿》记载：京城拜客，系用三寸红纸书写姓名，其上备载住宅、街巷于纸背，以便阍人登记门簿，名曰"小片子"。由此看来，《门簿》上的这些毛笔字，实皆出自阍人之手。撰写跋语的冒广生，在《沈氏门簿》中登记作："冒老爷，印，广生，寓如泰馆。"冒广生为江苏如皋人，如泰馆即北京的如皋、泰兴二县会馆，位于宣武门外西河沿，为南通一带入京人士之常住地（如光绪年间张謇多次入京，亦多寓居于此）。另外一位题写跋文的商笙伯，在《沈氏门簿》中系于当月的二十七日，"商大老爷，印，言志，号笙伯，禀安谢步，寓扁担巷"。顾廷龙邀请商笙伯题写跋文，他遂写道："簿中所列贱名，大约系沈培老任南昌府知府时，余以候补知县禀谒，为号房所记耳。"商笙伯是浙江嵊县人，光绪末年任江西知县，辛亥革命后寓居上海，晚年被聘为上海文史研究馆馆员、上海中国画院画师。此跋注明"壬辰农历一月初十"，时当 1952 年。

（四）

门簿所记人数之多寡，在一定程度上反映了主人的身份、地位和人缘。在明清时代，门簿是极为常见的东西，也正因其常见，故很少得以保留。谭嗣同的侄孙谭训聪曾指出："余家居时，发现一批信件，及会客门簿……门簿中，有旧党领袖满人荣禄、帝傅翁同龢（差帖拜会），以及沈曾植、张孝谦、容闳、杨锐、郭之全（字友琴，河南人，袁世凯之友）等……"（《清谭复生先生嗣同年谱》）类似于此的门簿，当然是近代史研究中考证政治立场与人际交游的重要史料，只可惜后来却遗失了。因此，侥幸遗留至今的此类文本，也就成了历史研究的珍贵史料。前揭上海图书馆收藏的《沈氏门簿》便极为罕见，它也成了考证沈曾植交游的重要史料（许全胜在《沈曾植年谱长编》中，就大量辑录了其中的资料）。这当然是官员的私宅门簿，类似的门簿原件，在海外文献中亦偶有发现。

1997 年我在日本从事学术访问，其间，于内阁文库出版的史籍丛刊中，找到了一份《唐土门簿》抄件，其格式与《沈氏门簿》极相类似——首先是称呼（如某某大爷、少爷、相公、总管等），接着

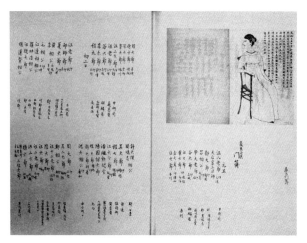

的是大名，其后则写明住址或店名。

　　《唐土门簿》中出现的汪姓商人共有九名，即汪八老爷（文琪）、
汪大爷（本川）、汪二老爷（士镗）、汪老爷（永增）、汪老爷（敬）、
汪捷大爷、汪十二老爷（文玢）、汪大爷（炯）和汪二老爷（元炜）。
其中的汪永增，在清代前期的中日贸易中鼎鼎有名。从《唐土门簿》
的记录中可见，此人居住在义慈巷（即宝莲寺至上塘街一带），这里
属清代苏州最为繁华的商业区。根据日本学者的研究，汪永增应来
自徽州府休宁县，是淮北的盐商，其时侨寓于长洲县（今苏州），常
年前往日本采办洋铜。当时，虎丘山塘有嘉惠局，主管日本铜务，
许多从事中日贸易的徽商都定居于苏州。在清代，长崎贸易中的铜
商，有不少都出自徽州。这是因为江浙一带的盐商（尤其是淮扬盐
商）主要来自徽州，而盐商巨子往往具有足够的经济实力从事东洋
铜斤的采购。从财富等级及奢靡程度来看，苏州铜商曾与汉口盐商

（实即扬州盐商的一个分支）骈肩称雄，并与清江浦河政官员、江苏的州县官员一样，以豪侈挥霍著称于世。汪永增显然就是一位徽州铜商巨子，他在经营中日贸易期间，共派出十一艘船前往日本长崎。除了汪永增之外，《唐土门簿》中提及的其他几位汪氏以及程姓商人，应当基本上也都是在苏州活动的徽州商人。

揆诸实际，抄件《唐土门簿》，收入江户时代（1603—1867）幕府官员宫崎成身的《视听草》中。宫崎成身的生卒年虽然不详，但他活跃的年代是在十九世纪四五十年代。此书是宫崎成身根据自己的所见所闻，编辑而成的一部海外文献资料集。《唐土门簿》之前的一份资料，题作"兰妇（文政十二年长崎到着妇人肖像并赞，刊本）"，"兰妇"是指一位荷兰商人的妻子，"文政十二年"相当于清道光九年（1829 年）。在江户时代，日本推行闭关政策，长崎是唯一"锁国之窗"，只允许中国和荷兰商船前来日本贸易，故而两份资料胪列在一处，应当都是与长崎贸易有关的史料——据此推测，《唐土门簿》应是来航长崎的中国商人所带来的一份人名簿册，其内容反映了与该商人有关的苏州批发商之姓名与住址。从《唐土门簿》中填写的

反映清代苏州城市布局的《苏城坊巷图》（法国巴黎吉美博物馆藏）

人名、地名和店名来看，这些商人从事的行当主要涉及染坊、布店、银匠店、毡店、麻袋店、糖栈、药行、当店、钱庄和置器店等。由此可见，开设于苏州街衢巷陌间的店铺，以经营布匹、食糖和药品为数最多，这些，都与清代苏州与日本长崎的贸易活动完全吻合。

另外，对照《沈氏门簿》，《唐土门簿》应非原件，而是宫崎成身誊录而成的抄件。而"唐土门簿"也是他对该份抄件的命名。所谓"唐土"，是江户时代日本人对中国的习惯性称呼。此份文书的原始名称为"戊寅正月门簿"，其下的第一行写明为"元旦"。文中还提到一位住在张广桥的吴二太爷，旁注有"飞帖"的字样。据《清嘉录》记载："有遣仆投红单刺至戚若友家者，多不亲往；答拜者亦如之，谓之'飞帖'。""飞帖"，也就相当于现在的贺年片，贺年片上的名字和地址，由阍者抄录到门簿上面，故在旁注明"飞帖"字样。凡此种种，都说明该份文书是有关新年拜年的门簿抄件。

由于"门簿"上通常都会写明称呼、店名以及住址，因而就相当于以某人为中心的一份通讯录，这也就成了婚丧喜事时可备查考的资料。门簿的拥有者，通常会将此作为礼尚往来的重要依据。清人胡文炳《折狱龟鉴补》曾讲过一个案例，说有位赵贡生家中死了人，"将出殡，循俗例，通知曾经唁吊各亲朋刻期会葬，按门簿开单，凡一百七十余人"。无独有偶，咸丰二年（1852年）七月二十五夜，曾国藩的母亲去世，他在写给儿子曾纪泽的家书中亦主张，办丧事不可铺张：

> 开吊散讣不可太滥，除同年、同乡、门生外，惟门簿上有来往者散之，此外不可散一分。

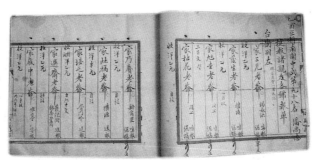

苏州徽商后裔
潘尚志《乡会
联捷苏地发报、
送报簿》(稿本,
私人收藏)

　　由此看来,是否见诸门簿,是区分关系亲疏、有否走动的重要
标准,故曾氏是以门簿上的记录开列散讣的名单。事实上,官府私
宅的门簿记录,是为了将来的回拜或处理相关事宜。在这种背景下,
除了丧葬之外,科举及第后,许多人也往往是以门簿为依据散卷。
这就难怪清代徽商后裔潘尚志,在其乡试、会试联捷之后于苏州的
散卷、送报,其格式就与《唐土门簿》极相类似。潘尚志的一份乡
试捷报现藏于南京夫子庙之江南贡院,与此相关的《乡会联捷苏地
发报、送报簿》抄本,便是当年其人科举及第时派放捷报、试草的
详细名单。

(五)

　　简言之,"门簿"亦即来客登记簿,此类门簿由来已久,至少可
以上溯至宋代,原本是官场中的一种制度设计。而正月门首设门簿

以便拜年，则明显模仿自官府私宅的做法。虽然说门簿类型有所不同，但二者实际上却是相通的，其间的影响亦显而易见。随着时代的变迁，对于一些人来说，拜年逐渐成了一种例行公事，有时，人们并非真想拜客，而只是为了向对方表示自己"来过了"，不至于失礼。而在另一方面，在门首设立门簿，既维持了相关的交际网络，又在一定程度上简化了彼此之间的应酬。"门簿"功用之嬗变，实际上反映了传统时代官场文化对民间习俗的渗透。

（原载于《上海书评》2017 年 1 月 27 日）

从黄山白岳到东亚海域

哈佛大学收藏的晚清老照片

（一）

十多年前，我在美国哈佛燕京学社
做了将近一年的访问，其间，因对晚清
时期哈佛大学聘任的第一位中文教师戈
鲲化有兴趣，顺带收集了聘请他前往美
国的杜德维（E.B.Drew）的相关资料。

戈鲲化是晚清时期徽州府休宁县
人，他的一些著作和照片，迄今仍收
藏于哈佛大学的各个图书馆、档案馆
中。2000年，南京大学中文系张宏生
教授编著《戈鲲化集》（江苏古籍出版
社2000年版），首次将戈氏的绝大部
分著作收录在内。不过，在当年，无

戈鲲化（1879 年）

论是戈氏的文字还是图片资料并未就此一网打尽。2005 年，我就在哈佛大学档案馆收集到好几份相关的文献。凑巧的是，那一年正是哈佛燕京图书馆成立七十五周年，该馆出版有《燕京的宝藏——哈佛燕京图书馆七十五周年纪念展览目录》(*Treasures of the Yenching, seventy-fifth anniversary of the Harvard-Yenching Library Exhibition Catalogue*)。承郑炯文馆长惠赠，我得以收藏一册。书中收有一封梅花笺，是戈鲲化写给杜德维的信函，书写于蓝丝格信笺上，墨迹秀逸，显然是戈鲲化抵美后写给杜德维的第一封信函。而收信人杜德维则是哈佛大学毕业生，正是他在宁波海关税务司任内，物色到了戈鲲化[①]。

（二）

杜德维是哈佛大学 1863 届毕业生，1865 年进入中国海关，1867 年在总税务司署管理汉文文案，1868 年提升为署理税务司。1878 年 7 月，杜德维在宁波出任浙海关税务司。其间，哈佛大学校长埃利奥特（Charles William Eliot）给杜德维写信，要求他在中国找一位合适的中文教师，杜德维遂向学校推荐了自己的汉语教师戈鲲化。

[①] 参见拙文《戈鲲化的梅花笺》，载《读书》2005 年第 4 期，后收入拙著《日出而作》，生活·读书·新知三联书店 2010 年版。

　　　　　　　　　　　　　　　　　从黄山白岳到东亚海域

除了宁波之外，杜德维还曾在九江、烟台、镇江、上海、广州和福州等埠海关任职。在各地公务及旅行期间，他收集了不少照片，现在庋藏于哈佛燕京图书馆。这些资料包括影集和散件，其中，影集题作 "Views in China"（中国风景），具体内容反映了北京、福建、上海、广州、澳门、香港和宁波等地的风俗名胜。

海关税务司杜德维及其妻子

1876 年至 1880 年，杜德维在宁波，并于 1878 年 7 月出任浙海关税务司。浙海关税务司始建于 1861 年，当时，清政府根据英国驻甬领事赫德的建议，在江北岸中马路设立浙海关税务司，征收对外贸易税费，俗称 "新关" 或 "洋关"。杜德维在宁波期间，记录了一些个人工作和生活的场景。在这批图片中，就有 1876 年间宁波海关工作人员的合照。此外，早在十九世纪四十年代宁波开埠之际，英国人即聚居于宁波城外的江北岸。不久，江北岸便发展成英、法、美三国侨民的居留领域。在杜德维收藏的影集中，保留有宁波的教堂、海关大楼、英国领事馆、美国传教士等外国人的房子，以及反映悠然自得的外侨生活场景。

早在 1845 年，英国传教士施美夫（George Smith）就曾说过，"对外国人开放的中国沿海城市中，宁波享有最佳城市之声誉"。较之其他地方，宁波人对西方人最为熟悉，也最容易打交道。在这种氛围中，杜德维夫妇在宁波的生活似乎颇为惬意。在影集中，有多

张杜德维夫妇与其他外国人外出游玩的照片。如杜德维夫人与女儿
多拉、儿子查尔斯前往宁波附近寺庙的照片，他们前往天童寺、普
陀山等地，见识了寺庙中形形色色的神像，与一些僧侣交往，留下
了不少照片。

　　特别值得注意的是，这批照片中有数张与库克上校（Col.
Cooke，近代史著作中多翻成"葛格"）、华生少校（Major Watson）
相关的资料。库克上校和华生少校分别是出生于牙买加和新南威尔
士的英国人，太平天国时期，他们率领上千名戴深绿色头巾的"绿
头勇"（多系宁波、慈溪、绍兴之人）与太平军作战。其中，华生
于 1862 年加入华尔的洋枪队、常胜军，还当过常胜军戈登的保镖，
最终晋升为少校。太平天国平定之后，他与库克上校一起，继续负
责宁波的警务工作。在这批照片中，就有中国士兵正在接受华生少
校训练的场景。这批士兵绿布裹首，装束如洋人，仪表、队列颇为
整齐划一。关于这一点，《申报》1873 年 6 月 13 日就有"宁波绿

宁波，中国士兵正在接受华生少校的训练

头勇操练事"的报道，其中提及，"绿头勇日逐在和义门内城下大填滩操演，甚为好看。或扒墙壁，或钻填坑，或卧或奔，总要快疾为最，号令极严，阵亦齐整"。此一描述，似可与现存的图片比照而观。

　　在杜德维收藏的照片中，还有不少反映了浙东的自然与人文景观。如宁波的河景、山谷、城墙、牌坊、古塔、廊桥以及城内景象和城外基地等，对于活跃其间、走街串巷的剃头匠，乘坐黄包车的日本妇女，以及宁波妇女、商人、新教教会小学生等，也多有展示。照片中有不少宁波著名的风景，如以船排形成的浮桥，横跨于宁波市奉化江上，是宁波最古老的大跨度浮桥。对此，1843 年访问宁波的英国植物学家罗伯特·福琼（Robert Fortune）曾这样描述：

　　　　宁波离海有十二英里左右，两条清溪在这儿相汇，汇成一条大江，……南来的溪水上建有一座船桥，方便对岸郊区的人

宁波的浮桥

们过河。这座桥非常简单，但建得非常巧妙。桥由很多大船相连而成，每条船都间隔一定的距离，用沉锚泊在固定位置，船与船之间铺设木板相连，这使得整座桥可以在一定范围内随浪潮的涨跌而起伏。这种方式也给渔船和过往船只的通行在桥下留出了足够的空间，而不用担心潮位有多高……

在这批照片中，还有数张是有关运河的图像。在浙东运河中，人工河段与自然河流平交处，因水量、水位、水流之变化不定，为了保持相对稳定的水运条件，人们通常要兴建堰坝等加以调节，于是，翻坝过闸便成为运河上一道独特的风景。早在明代，朝鲜人崔溥就在其《漂海录》中，记录了宁波附近的水闸："坝之两岸，筑堤以石，断流为堰，使与外江不得相通。两傍设机械，以竹绹为缆，挽舟而过。"1845 年 7 月 30 日，英国传教士施美夫（George Smith）前往宁波腹地，他也亲身经历过这种翻坝过闸：

我们晚上八点乘一条棚顶船出发，从城东溯江而上。船航行了两里来地，遇到一座堤坝，耽搁了一些时间。那座堤坝将甬江与我们必须进入的一条运河隔开。我们下了船，待在江岸上，六个中国人把绳子套在船上，然后慢条斯理地推着一架笨重的绞盘机。就这样，他们慢慢地把船绞到一个斜坡上。从斜坡顶上，船可以靠自身的重量，轻而易举地滑入对面运河里一米左右。总的来说，这是个代替船闸的不错的装置……

此类的翻坝过闸，似乎也引起了许多人的强烈兴趣。在杜维德收藏的照片中，就留下了与此相关的图像资料。

除了宁波之外，杜德维亦曾在福州税务司任职。在"Views in China"（中国风景）影集中，有关福州的照片计有14幅，其内容包括"闽江中的要塞""福州南郊""寺庙""外国人的房子""聚居地""墓地""大榕树""乌石山""鼓山""福州海关工作人员""税务司宅邸""外国人在福州的社会生活"（化装舞会）"中国妇女的服

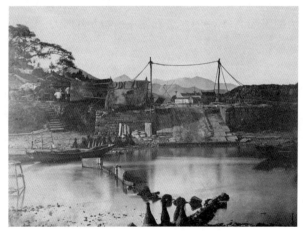

运河口的水闸，这是宁波市内各条湖泊的入口

中国妇人的服饰

饰""高官的墓地""福州风格的奢华墓地""福州附近的茶田和稻田""闽江""佛教寺庙""瀑布峡谷""竹筏""船屋"和"道路"。其中，有不少生动地反映了十九世纪福州城乡的民俗风情。

例如，第 11 张照片题作"Costumes，Chinese women"（中国妇人的服饰），其中有坐着和站立的妇女各四人，她们的装束打扮颇为独特。

在福州方言中，女子叫"诸娘仈""诸娘仔"，男子叫"唐晡仈""唐晡仔"，对于此类称呼之来源，虽然历来存在着诸多传说，亦未必可靠，但比较确定的一点是——福州的开发虽然并不太晚，但在其人群文化中，闽越人的底色仍然极为浓重。外地人或外国人来到福州，首先会特别关注此地女子与他处之迥然不同。"窄袖纤腰黑练裙，香花堆鬓髻如云，压肩鲜果沿街卖，贸易归来日已曛"——这首由清人曾懿所撰的《闽南竹枝词》，其中多有吟诵"福州""闽中"

风物的诗歌。竹枝词虽题作"闽南"，但其实反映的却是闽东的民情风俗（顺便说一下，近数百年来，"闽南"一词颇被滥用，大概是闽南太有名了，所以人们只要一提到福建，马上就将之归入"闽南"）。该诗自注曰："闽中凡耕田、挑负贸易者，半是妇人。"此种阴盛阳衰的风俗虽然由来已久，但在外人看来，却极感怪异。成书于光绪三十年（1904年）的《闽风杂记》（福州美华书局活板），就有"妇人劳力"条，曰：

> 世人动辄曰清国妇女缠足，劳力者皆男子之事耳，安知此州妇女，除富室闺阁、卖笑歌妓等外，大抵不缠足，短褐裸跣，或担薪水，或运粪壤，习以成性，开豁类陵犟丈夫，可谓奇矣！

《闽风杂记》出自晚清时期侨寓福州的日本人佐仓达山之手，作者对当地妇女之辛劳极感意外。由于妇人整日抛头露面，故而街衢巷陌间的装饰打扮，引起了许多人的关注。《闽风杂记》一书中就有"头上带剑"的记载：

> 清国妇女之头饰，大抵有一定之样式，独此地之妇女，插银制之笄，笄长尺许，稜稜如剑戟，交叉饰之，宛然如钟将军像，奇亦甚矣！

作者佐仓达山接着又说福州女子"耳环如轮"：

妇女施耳环，阖乡皆然，而闽妇所著耳环，最伟大可惊，
环以银制之，形如桶轮，头上带剑，耳朵亦施此物，其任重矣。

关于这一点，清人有诗曰："大耳环垂一滴金，四时裙服总元
青，蛇头簪插田螺髻，乡下妆成别样形。"根据晚近的调查，福州郊
县农妇发饰上，都有雪白银簪三条，俗呼"三条簪"，大约寸余，长
六七寸，插诸髻中，或仍满插小簪以示点缀。因其形似刀，中插一
支，左右各一支，又叫"三把刀"。民国以后，一些乡绅认为此种妆
束极为丑陋，遂公议禁止而普遍革除。

对于此类的妆束，现代著名文学家郁达夫在《饮食男女在福州》
一文中就指出："还有现在东门外、北门外的许多工女农妇，头上仍
带着三把银刀似的簪为发饰，俗称他们作三把刀。据说犹是当时的
遗制。因为她们的父亲丈夫儿子，都被外来的征服者杀了；她们誓
死不肯从敌，故而时时带着三把刀在身边，预备复仇。"郁氏在文中
所描摹的，显然源自福州人的传说——此地在春秋战国时期原是无
诸故地，及至唐朝大兵入境，将福建男子杀尽，只留下女子婚配单
身士兵，故福州人称丈夫为"唐晡人"，而"三把刀"则是心怀怨
怼的蛮族妇女用以复仇的武器。对此，另一位著名作家冰心，在其
《故乡的风采》中也写道："我也见到了日本、美国、英国、法国和
苏联的农村妇女，觉得天下没有一个国家的农村妇女能和我故乡的
'三条簪'相比，在俊俏上、在勇敢上、在打扮上，都差得太远了！"
而在晚清，这显然也引起许多西方人的兴趣。20世纪初美国著名
旅行家威廉·埃德加·盖洛（William Edgar Geil）在其所著《中国
十八省府》的福州篇中，专门插了数张"福州附近山上的拜狗族土

火灾

著""拜狗族土著的头饰"和"福州的妇女"的照片和图片，反映的也是此类发饰。当然，盖诺笔下的所谓拜狗族，指的其实是市郊山中的畲族。而稍早的一些西洋人，则显然是寻找四乡各不相同的妆束，作类似于人类学的影像记录。

在"Views in China"（中国风景）影集中，有关福州的第 2 张照片题作 "Southern suburb of Foochow on fire: View from European side of R.Min. "，是 1876 年 11 月 12 日所摄，摄影者从仓前山的欧洲人聚居区远眺，隔着台江，但见福州城郊大火熊熊，烟雾弥漫。此一图片，对于研究福州城市的灾害，具有一定的资料价值。

关于福州的火灾，与杜德维差相同时的美部会（American Board Mission）传教士卢公明（Justus Doolittle）曾指出：福州府城包围在城墙之内，出了七个高大的城门就是郊区。南门外的郊区约有六公里广阔，当地人称为南台。"外国侨民基本上都住闽江南岸的江滨小山坡上。站在山头眺望，东面远处屹立着鼓山，江水从山脚下蜿蜒而过，江面上舢板渔船风帆点点。朝北眺望，福州市区尽收眼底……"日本人佐仓达山也指出："各国领事馆在丘垅之上，势高而望阔。"想来，拍摄者就是在此远望福州城南郊的火灾，拍下了上述的照片。

在明清时代，火灾不仅是福州城市影响最为深远的自然灾害，而且也成为一个严重的社会问题。近人林步瀛曾指出："吾闽省会之地，负郭而居者常接屋而连扉，及其不虞于火也，则每数十家、数百家附丽而相随。"在这种背景下，火灾一向令人闻风色变。清代琉球官话课本《学官话》中就提到：

> 把灯吹灭了睡，如今秋天的时候，那东西都是干燥的，火烛要小心。上床的时节，就把火吹灭睡，也是放心的。
>
> 讲得极是，那前日南台尚书庙那里，一连烧了两三遭，多因是他们火烛不小心才会误事了。
>
> 讲起那火烧房，那些人好可怜，家里的东西，给人抢去的抢去，给火烧去的烧吊［掉］，到第二天来，一条草都没有了，吃也没得吃，穿也没得穿，住也没得住，那大男小女拢做一堆，在那露天地里，啼啼哭哭，我看起来，真真替他心疲，眼泪就要淌出来，实在伤心。
>
> 那火烧房，是最凄惨的，何消说，所以火烛小心要紧。

此处提及秋天时节应当小心火烛，这是因为受副热带高气压的控制，在秋天，福州的焚风效应极为明显，民间遂有"秋季火帝出动"的传说。南台尚书庙一带，也就是现在的上、下杭一带，在传统时代是著名的商业区，房屋、店铺鳞次栉比，极易发生火灾。一旦发生火灾，隔岸的仓前山确实可以称得上是"洞若观火"。

对话中提及由火灾引发的社会问题——福州人俗称的"火劫"，即乘着火灾混乱时的抢劫行为。此类的"火劫"，早在明代就相当严重，万历时人谢肇淛在其所著《五杂组》中，即曾提及火患时"恶少无赖利于劫掠"。而琉球官话课本，则更细致地描述了"火劫"之余的惨况。"蜀［一］条草"是福州人非常形象的比喻，"一条草都没有了"，形容火灾劫余赤贫如洗的窘状。关于这一点，传教士卢公明（Justus Doolittle）亦曾指出：

> 福州人很有理由怕火灾，他们的木头房子容易被点燃，而且一旦发生火灾，就有很多流氓赶来火场抢夺财物。除非失火的人家有许多亲友在现场苦苦守着，否则衣物、家具以及任何有点儿价值的东西都会被这些趁火打劫的"火鹞"抢走。

在福州，除了外国人聚居的仓山和作为商业区的南台之外，城内则是省会所在地，于山、乌石山、屏山三山鼎立，其中，又以乌山上的乌塔为制高点。对此，福建巡抚丁日昌曾说："福建省城内乌石山为第一名胜，可以俯瞰全省形势。"

道光二十五年（1845年），英国领事翻译官租下了乌石山道山观。过了五年，两位英国圣公会传教士前来福州，他们在翻译官金执尔（W.R.Gingell）的帮助下，租得乌石山神光寺住屋两间。其时，正在老家养病的林则徐闻知此事，立即联合地方士绅，上书福州官府，强烈要求驱逐英国人。在福州绅民看来，神光寺为当地生童会课读书之地，外人不得租住，他们严词勒令两位传教士退租。在朝野的强大压力下，传教士无奈之余，只得搬至金执尔租住的道山观内。同治五年（1866 年），圣公会传教士胡约翰（John Richard Wolfe）到达榕城后，向道山观董事续订租契，租借了包括文昌宫在内的大片房产。此后，山上教堂洋楼日渐增多，有不少名胜皆为教士所占。在民意的激烈反弹下，官府只得与英国领事交涉，要求乌石山上的教堂悉数撤移至城外。不过，在山上的传教士食髓知味，他们不仅不愿换地，而且还在肆无忌惮地继续扩张。为此，光绪四年（1878 年）爆发了著名的"乌石山教案"，神学书院被拆毁、焚烧。此后，英国人被迫迁出了乌石山道山观楼房。不过，在此之前，不少外国人都到过乌石山上，从那里俯视福州城的全貌，杜德维可能亦不例外。

福州城内景

上图是杜德维收藏中从乌山之巅拍摄的照片（Inside city of Foochow，Wushih Shan，i.e. Black Rock Hill，in foreground），颇为动人心魄。从画面上看，远远可见于山之上的白塔，以及其下的孔庙，近前闽式聚落独特的马头墙高低错落，……十九世纪晚期的古城风貌一览无遗。这张照片与差相同时的美国茶商 Ted Francis Jones（特德·费兰西斯·琼斯）拍摄的福州双塔照片，并称为迄今所见最为经典的两张福州城市老照片。

除了题作"Views in China"（中国风景）的影集之外，哈佛燕京图书馆中还有一些作为散件的单张照片，其中有不少也颇具价值。由于当年我未被允许复制或拍摄，所以手头并没有保留下相关的照片。不过，我还是尽其所能、大致记录下一些关键的信息，兹据当时的笔记稍作回忆。我记得其中有一张福建官员与洋人的合影：

第一排从左到右包括：都统文，洋人，副主考刘学谦，洋人，

乌塔与白塔（现藏福州市档案馆，Ted Francis Jones 摄）

总督李兴锐，洋人，将军崇善，洋人，正主考李联芳，洋人，洋人，学台秦绶章。

第二排从左到右则有：委员舒钧，委员郑恩隆，总办孙传衮，盐台鹿学良，候补道黎国廉，城守协王书选，督中协谢，钦差船政大臣魏瀚，委员欧，文案高烺、委员高宝仁，分局秀员高庆铨。

第三排：翻译叶可梁，前侯官县谭子俊，翻译苏贞洪，侯官县刘锡渠，闽县罗汝泽，福防厅吕渭英，福州府玉贵，藩台周莲，候补道聂元龙，臬台朱其煊，粮台启约，翻译林藩，文案陆绳武，文案徐际可。

……

揆诸史实，福州是闽浙总督、福州将军和福建巡抚衙门的驻节之地，同时也是闽县、侯官两个县衙的所在地，故而城中各级文武大小官员麇集攒簇。照片中提到的总督李兴锐，于道光七年（1827

1905 年福州将军崇善照片

年）出生于湖南浏阳，后追随曾国藩，逐渐在官场上崭露头角。光绪二十九年（1903 年），他署任闽浙总督，整顿福建财政、军制，裁汰虚冗。光绪三十年（1904 年），调任两江总督，同年八月病卒，终年 78 岁。据此可知，此照片应照于光绪二十九年。

照片中提到的另一重要人物崇善，另有一张专门的"大清光绪三十一年崇佑庭七十有四小照"，其上的题名为："尚书衔军功花翎、福州将军、闽海关监督、船政大臣、兼署闽浙总督、兼福建盐政大臣、世袭奉恩将军"。从照片上看，此公形象、风度极佳，绝非官场上那些贼眉鼠眼之辈可以同日而语。崇善以福州将军兼任船政，时常与洋员交涉，故前述照片显然即与此有关。崇善后因病去职，于 1908 年去世。是时，离清朝灭亡已为时未远，他幸运地躲过辛亥革命，亦可谓善终。

在这些散件中，还有一些照片对于晚清社会研究亦颇具价值。如有关"福州南台坞尾街像仪楼"的两张照片，就反映了近、现代福州颇为严重的社会问题。该照片左侧的说明写道：

> 林庆澜公司护网江丙小轮，在外海拿获拐匪二十三名，被拐男女小孩共计四十一名，分处寄养，招属领取。

其中的一张照片上的人物分两排站立，每排 4 人，每人手上拿着一张纸，上书姓名。前排依次为阮仕森、何永太、谢炳常、何八弟，后排为林蔼妹、谢连贵、孙成树，另有一人手中的纸上未见姓名。

在明清时代，作为省会城市，各地来往福州的人流纷至沓来，

被解救的遭拐
福州儿童

"拐带""拍花"之类的诱拐事件亦层出不穷。所谓拍花，是指用迷魂药拐卖儿童的行径，这在反映清代福州城市生活的琉球官话课本中也曾经提到。直到晚近，当地民间还流传着不少如何对付拐带的办法。例如，其中的一个故事是说——在被拐带的途中，某位聪明

的小孩假借系鞋带之际，拣拾一些鹅卵石，然后将其沿途抛撒，以记住来时的路……此类故事，其实是传统时代"拐带"之风盛行的一种历史记忆。对于此类的"拐带""拍花"，官府曾三令五申严厉打击，但却收效甚微。上述两张照片，显然便是当时悬挂在各处供人招领的照片，反映了官府有司对于相关社会问题的应对措施。

（三）

大约在 2000 年前后，"图文图书"开始成为出版界的新宠。在此背景下，无论是学术界还是出版界，都纷纷意识到老照片是一种重要的学术和出版资源，于是，庋藏于世界各地的老照片，亦遂成了人们竞相发掘和出版的资料。在这方面，曾出现过一些编选俱佳的精致作品，但毋庸讳言，相当多的图片集之成书皆颇为粗糙。大致说来，主要表现是图文脱节，不少编者因缺乏解读图片的能力，往往只能自说自话，在图片边上东拉西扯，说些基本上不相干的话。另外，有限的解读亦颇为随意，有很多是通过搜索引擎，上网找些似是而非甚至错讹百出的简要说明……

促使我撰写此文的一个契机是《晚清中国的光与影：杜德维的影像记忆：1876—1895》。刚刚看到此书出版广告时，曾让我颇感兴奋，以为这是对杜德维相关照片的汇集与研究，遂在第一时间在当当网上下单购买……

拿到这册书后，却让人颇感意外。此书除了题作"［美］杜德维摄影"外，另有编译者。全书内分五册：第一册，福建周边（1876—1877）；第二册，上海 / 澳门（1887）；第三册，宁波周边（1876—1880）；第四册，北京周边（1892）；第五册，广州 / 香港（1893—1895）。编译者对原照片上的一两行简单说明作了翻译，并对其中的一些图幅加了自己的解读。但纵观全书，编译者所做的工作并不太多，少量的翻译亦颇可斟酌。譬如，《尔雅·释诂上》曰："豫，乐也。"故上海豫园之"豫"，本是欢乐之意。"Pleasure Garden"一图，译者将之直译为"欢乐之园"，显然未接地气——因为从翻译角度视之，此一译文"信"则信矣，却于"达""雅"则有所未逮。事实上，那一幅图也正是豫园九曲桥的照片，翻译成"欢乐之园"，有谁知道究竟指的是何处？顺便说一句，现代上海人将豫园翻成"Yu Garden"显然亦属未逮，其实反映了当代人并未理解

上海豫园

中国仆人

"豫"字的确切含义，这样的翻译，也远逊于一百多年前的译文。

另外，书中的第 78 页"Chinese servants"，画面上的六位人物皆是普通民众的打扮，明显不是编译者所称的"中国官员"，而是一批服侍他人的仆人。我相信这是译者一时粗疏而致误译，但该书同时亦有责任编辑，按照一般的编辑程序，一审、二审、终审，如此明显的误译，何以始终未被发现？颇为不解。

此外，编译者所附加的说明，基本上皆来自搜索引擎之简单描述，其中，有一些或可有可无（如页 106—107"宁波的浮桥"之说明），或错讹频出（如页 144"哈德门"条之说明）。特别应当指出的是，这批照片原为哈佛燕京图书馆所藏，"书格图书馆"上也见有相关的图片汇集。《晚清中国的光与影：杜德维的影像记忆：1876—1895》一书，完全是原封不动地照搬"书格图书馆"上的图片。从构成上看，全书内分五册，这种分类乍看本身就颇为奇怪，仔细核对，也完全是根据"书格图书馆"上的图片分类。值得一提的是，全书开头有"我们为什么要做这本书？"和"代序——老照片的'意义'"，书末也有"摄影师简介"，但唯独从头到尾皆不注明照片的确切来源。如此这般的"做书"，在二十一世纪的今天，真是让人匪夷所思！

（本文原载于《上海书评》2017年9月25日。此后，在网上读到陈伟扬博士所撰《一张被误读的照片：从杜德维的相册谈起》一文，指出杜德维收藏中的一些照片应源自市场，并非其本人所摄。有鉴于此，笔者在将拙文收入随笔文集时，根据陈文的意见做了部分修改，特此说明并谨申谢忱！）

遥瞻日出乡

（一）

地处九州西北部的长崎，原本是个小渔村，十六世纪七十年代，这一带被葡萄牙籍的耶稣会传教士所发现，他们发现此处的地理条件极佳，遂将之开辟成商埠。此后，"商贾通殊域，繁华冠九州"，长崎逐渐取代了周围的其他港口，成为九州一带最为重要的通商码头。

1603 年（万历三十一年）德川幕府建立，开始了日本历史上的江户时代。此后，长崎成为唯一的对外贸易港，成了日本与外界接触的唯一正式门户，鉴此，它被称作"日本之玄关"。所谓玄关，系指日式住宅入口之处。"日本之玄关"，是比喻日本与外界接触的门户。当然，另一种更为流行的说法是"锁国之窗"——因为德川幕府实施锁国政策，其时虽然也通过萨摩藩所控制的琉球国，与中国展开间接贸易，并在对马和松前与朝鲜及俄罗斯有所交流，但从严格意义上来说，日本正式的对外窗口只有一个，那就是长崎。

在九州一带，很早就有中国人的活动。晚明时人朱国桢在《涌幢小品》中记载："有刘凤岐者言：自三十六年至长崎岛，明商不上二十人，今不及十年，且二三千人矣。"朱氏系浙江吴兴（今湖州南浔）人，曾担任万历年间的内阁首辅。《涌幢小品》一书，大致完稿于天启元年（1621 年）。万历三十六年为 1608 年，时当日本庆长十三年。可见，德川幕府成立以后，明朝商人纷至沓来，人数愈益增多，在不到十年的时间内，便已增至二三千人。

《涌幢小品》中提及的刘凤岐，是一位在长崎活动的唐通事。所谓唐通事，也就是在中日贸易中负责翻译和其他交涉事务的日方人员，这些人的祖先基本上都来自中国，尤其是中国的南方各地。根据日人宫田安的《唐通事家系论考》，刘凤岐原系江苏淮安人，归化日本后，取名为"彭城太兵卫"。

（二）

明朝灭亡后，以长崎为中心的中日贸易仍持续发展。虽然在清初，为了对付反清复明的敌对势力，推行海禁政策。如实施迁海令，让滨海各省的居民内迁，以防止他们与海上的郑成功集团相互联络。在这种背景下，前往长崎的中国商船数量一度急剧减少。不过，及至康熙二十二年（1683 年），清王朝将台湾收入版图，海宇奠安，翌年便开放了海禁，鼓励内地商船前往东洋贸易。此后，抵达长崎的商船成倍增长。这些中国商船履危涉险，将图书、生丝、砂糖、陶瓷、中药和书画古玩等输往日本，并从东洋带回了日本盛产的白银、洋铜以及海参、鲍鱼和海带等。

面对源源而至的中国商船，德川幕府开始担心因洋铜、金银之输出而引发的利源外溢，最终会削弱日本的国力。为此，他们殚精竭虑地筹酌良策加以限制。贞亨二年（1685年，清康熙二十四年），幕府颁布了"贞亨令"，实行定额贸易，限定来舶商船的年贸易额。元禄元年（1688年，康熙二十七年），又限定每年入港的中国商船总数。稍后，为了遏止走私贸易，防止天主教徒变生不测，在长崎十善寺建造了唐人屋敷，限定来舶的中国商人集中居住，不准他们自由出入。

在日本文献中，唐人屋敷也写作"唐人屋铺"（亦称"唐人馆"

日本长崎港

或简称"唐馆",少数日本汉籍称为"清馆")。关于唐馆,《琼浦佳话》中有这样的一段描述:

> 原来这唐馆,造得铁桶铜墙一般,滴水也不漏,周围土墙,高有百尺,四方角落头,各有一个守办的房子,……昼夜看守,纵或有个飞檐走壁的手段,也过墙不得。门口也有插刀手,寸步不离,日夜看守。但凡买一尾鱼,买一根菜,都要经他查验,方可进馆。街官房里,也有街官、五甲头、财副、部官等样人,轮流值日,通事房也如此。但凡唐人有甚事故,替他料理了,他那街官,一夜三次,通馆巡消一回,千叮万嘱,不许唐人吵闹、打架,火烛小心……

《琼浦佳话》为唐通事的教科书,也就是培养长崎翻译和贸易人才的汉文课本。该书大致成书于十八世纪前期,也就是唐馆建成后的数十年。从书中可知,唐馆建得严严实实,四周有高墙环绕,并有哨兵把守,将中国人与馆外生活的日本居民完全区隔。唐馆门口,有日本插刀手看守。而日常管理中国人的,则是日本的街官。街官也就是"町长",在江户时代,长崎的每个町(亦即每条街)上都有一个街官、三个五甲头、一个财副和一个总管。五甲头是街官的副手,负责唐馆的治安以及事务沟通。插刀手亦即日本的武士,这些人精通拳法、枪棒,在腰间别着两把刀,专门负责搜查。可见,唐馆建成后,馆内的船商水手,就受到日本方面的严密管制,极不自由。

从黄山白岳到东亚海域

（三）

关于江户时代长崎唐馆内中国人的生活，最为生动的汉文描述当首推《琼浦佳话》《译家必备》等唐通事教科书，而颇为直观的图像则莫过于各类的唐馆图。目前，关于长崎唐馆图已出版有两种资料集：一是2003年出版的《长崎唐馆图集成》，二是2005年出版的《唐馆图兰馆图绘卷》。

《唐馆图兰馆图绘卷》一书收录的唐馆图和兰馆图，原本收藏于长崎县立美术博物馆，后经日本学者原田博二解说，由长崎文献社出版。其中的"兰馆"是指荷兰馆，因为在江户时代，作为"锁国之窗"的长崎，除了中国之外，欧洲的荷兰商人也被允许前来长崎，与日本展开贸易。与中国商人被强制居住于唐馆内的情形类似，荷兰人也被限定居住在长崎的一处扇形人工岛——出岛一隅，这就是"荷兰馆"（简称兰馆）。

《唐馆图兰馆图绘卷》中的唐馆图，由长崎著名的画家石崎融思所画。石崎融思的生卒年代为1768—1846年，相当于清乾隆、嘉庆和道光年间。此人久擅才华，绘画作品相当不少，除了《唐馆图绘卷》之外，还有《清俗纪闻》和《长崎古今集览名胜图绘》等，这两部书中的图画，也都由他执笔绘制。

至于2003年出版的《长崎唐馆图集成》，则由关西大学大庭修教授编著。大庭修是日本著名学者，其治学领域包括秦汉法制史、简牍学以及中日交流史，撰写的学术专著皆以功力深厚蜚声学界。1984 年，大庭修出版的《江户时代吸收中国文化之研究》，以极为丰富、翔实的史料，深刻揭示了汉籍输入日本的盛况，该书于 1986 年荣获日本学术研究的最高奖——日本学士院奖。此外，他还主持、编辑了一大批有关中日交流的相关史料，《长崎唐馆图集成》便是其中的一种。该书收录了日本国内收藏的 29 种唐馆及相关的图像，并附有资料解说和数篇研究论文。

（四）

现有的唐馆图，就其保存形态而言，除了作为出版物的插图以及单张版画、简单的手绘图之外，最多的便是彩色画卷、画轴和屏风。例如，原藏日本东京大学史料编纂所的佚名《华人邸舍图》1 卷，在《长崎唐馆图集成》一书中被分成八幅展示。其中的首幅，画面左边有两个中国人在洗涤衣物，水池边则是以竹竿支起的架子，

《长崎港南京贸易绘图》(日本早稻田大学图书馆藏)

从黄山白岳到东亚海域

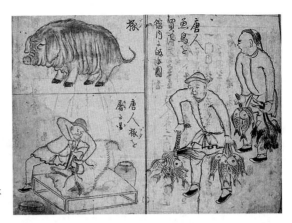

《长崎游观图会》(日本
京都大学图书馆藏)

其上晾晒着蓝色衣裤以及绿色腰带。右边围墙之内有松树数丛、修
竹几竿，奔跑其下的禽畜包括山羊、猪、公鸡、母鸡和小鸡。这些，
应当都是唐人从中国带来的。此外，水池边还种有一棵树，树枝伸
向池中，其上开着一些不知名的白色小花。

　　当时，船员水手从中国带来活的家畜、家禽。如《长崎港南京
贸易绘图》中，就有中国水手搬运行李的场景，从中可见，中国人
从本土带来了公鸡和活猪。而在《长崎游观图会》中，还画有唐馆
内中国人杀猪的场景。对此，《译家必备》中有一段唐通事与中国总
管的对话，一定程度上反映了前后的变化：

　　唐通事："总管，船上有活猪带来没有？"
　　总管："船头第一个舱两边盖板底下有三口活猪。"
　　唐通事："这个为何到于今还没有宰呢？当年也不曾通知你
么？于今活猪是不许你带进馆，你们拿进去，养在里头污秽了
地方，所以一概禁他，不许带进馆，前番几个船带来的活猪，

也赶出外头去了。"

总管："晚生不晓得，昨日当年老爹也没有什么话，若是早晓得这样的缘故，昨日就宰了。"

唐通事："既然这样，今日且带进馆，明日就杀了罢了。"

在长崎唐馆图中，经常可见散养猪、羊、鸡的图景。一般来说，此类的场景应当反映了乾隆时代以前的情形。这是因为，《译家必备》当在日本宽政七年（1795 年，乾隆六十年）便已成书，按照上揭的描述，至少在《译家必备》成书前夕，长崎当局便已开始禁止中国海商在唐馆内圈养活猪。不过，也应当考虑到一种情况，图像资料未必完全反映历史真实。元禄八年（1695 年，康熙三十四年）刊行的《本朝食鉴》，先是引李时珍等人的论断，对猪作了详细解说，并指出："猪脂，疡医多用以为傅敷之治，本邦多不服之。韩客、蛮人来朝，用脂涂炙，食调煮食，每服之，故对岛、长崎之人尽有食之者。"《本朝食鉴》为日人野必大所编，号称"日本版的《本草纲目》"。文中之"对岛"，也就是与朝鲜隔海相望的对马，这里指出了日本与外国（包括中、韩及欧洲）在饮食习惯上的不同，特别是其中的"华和异同"。因此，猪这种食用性动物，在江户时代实际上成了日本画家用以烘托中国情调的一种要素。譬如，日本画家宋紫石在其所编的画谱《古今画薮》中，就有一幅猪的形象，如今看来，颇类健硕威猛的野猪。而广濑青村则有一首《浦上》诗曰："亩亩移来吴国菜，家家唱起越姬谣。村童斗狗游正倦，倒跨肥豚过野桥。"此处的"吴""越"，均形容长崎文化中的中国元素。而末句以"倒跨肥豚"入诗，在中国诗歌中似乎并不多见，这正说明——

当时的日本人是以来自域外的猪，来衬托长崎的异国情调。

《华人邸舍图》第二幅池塘曲绕，其侧有二人下棋，另见一人驻足观看。棋旁放着水壶，并在把手处斜插着一根烟管。水池畔的道路两侧，开着两爿小店。右侧小店边，有人似乎正在用面粉做着某种糕点。而左侧紧靠着水果店的则是一家酒楼，透过窗户我们看到，楼上壁间挂有花鸟图画，餐桌边四位戴着暖帽的清人正呼卢喝雉，杯酒言欢。楼下三人则优游缓步，带着一条神气活现的撒欢小狗。而在两爿小店之间的通道上，二人相向而行，一位挑桶，另一人则提着壶。

在当时，馆内唐人设肆陈列各种日用货品极为常见，这些下层水手，藉此赚些蝇头小利。对此，《琼浦佳话》即曾描摹："再说弟兄在馆中，各自开小店，出卖杂色东西，务本营生，也有守些本分的。"而《译家必备》之开首《初进馆》，其内容是一位见习唐通事首度前往会馆，向唐船的船主们作自我介绍，继而初次步入唐馆内。当时为其领路的中国海商陈三官，就提到沿途所经处，有"几个蓬子开店的，卖杂货、做糕饼、做裁缝、卖烧酒、卖面食"。关于这些蓬子小店，各种唐馆图中多有展示。从中可见，其旁各有招幌，招幌上所写的文字各不相同，有的标着"出卖""有酒"，有的则写作"烧酒""上好香饼"等。但无论如何，这些小商品，应当都是卖给馆内其他中国人的。

第三幅为两层楼房，楼上五位清人在弹奏笙、笛、古筝、月琴等乐器，最左边另有一人端着茶，正走进房间。而在楼下，共画有三人，其中的两位注目凝盼，似乎是在驻足聆听楼上传来的美妙音乐。据《长崎志》"唐馆"条记载："月夜楼上吹笛，其声清亮，曲中有望国之思，题为华馆笛风，即居镇治十二景之一。"受中国文化的影响，长崎方志中也有"八景""十二景"之说，"华馆笛风"即是其中之一。对此，文政初年（1818年，嘉庆二十三年）日人饶田实斋编纂的《长崎名胜图会》卷首，即有同名诗曰：

> 华馆楼高风露清，巧吹玉笛远飞声。
> 曲中多折故园柳，月傍关山夜几更。

该诗题记曰："月夜吹笛，曲中有望乡之泪。"江户时代，在唐馆内外流行的乐曲主要有《九连环》《茉莉花》《算命曲》《平板调》《将军令》和《金盏花》等，这些乐曲历世传承，后来被统称为"明清乐"，成为长崎的"重要文化财"（相当于中国的非物质文化遗产）。

第四幅的核心部分是一座福德宫（供奉福德正神，亦即土地祠）。乾隆时代三度前来长崎的徽商汪鹏，在其所撰的《袖海编》中，详细描述了唐馆内的建筑以及日常生活，其中提及："土地祠庭宇稍隘，阶下有池，池上有桥，周以粉垣。"从图幅上看，宫门两侧檐下挂有绣着动物纹样的灯笼，门前有人跪在红垫上拜瞻神明。在其右侧，三人敲锣打鼓、吹着唢呐。右侧画面台阶之下，还有二人正聚首快谈。整个画面都点缀着红花绿树，煞是好看。

第五幅画上有三个旗杆，其中的两个各斜挂着一面橙色红边的旗子，旗上皆写着"愍德"二字。右边地上铺着一块大布袱，五个清人正围着一个碗掷骰赌钱。四周或坐或站，围着数人旁观助战，其中有人手持烟管，或手捧点心、茶壶。左侧二人，则扛着一捆桅绳经过。另外，画面上还有两处兜售食品的小摊。关于掷骰赌钱，《琼浦佳话》亦曾状摹：

> （唐馆中的中国水手）也有撒泼放肆的，不嫖便是赌钱，每日到晚间，点个亮来，照耀如昼，或者十来个人，或者五六个人，各库里走拢来，撤钱耍子。怎么样叫做撤钱？或者八个，或者六个，撤出来，或字或背，一色的叫做"浑成"，也有七个，也有五个，撤出来，一背一字，间花儿的去，叫做"背间"。赌得你输我赢，争论起来，输急的是输急，欢喜的是欢喜，打的打，走的走，偷的偷，抢的抢，好不炒闹！

"撤钱"的做法，早有冯梦龙的白话小说中就已有描摹，此处提及当时因赌博而引发的诸多纠纷，这在不少唐话课本中都有记载。

第六幅画面是唐馆的二门，几位清人正陆陆续续地走出二门，其中一位已走下台阶。左边画面上两位正在攀谈的清人，刚买好鲜鱼和蔬菜，正要返回二门之内。而在台阶之上，一位日本人正在对左手持扇的清人搜身。另一位正走下台阶的清人，也被日本人搜查。二门台阶之下的右侧，有一间和式小房间，榻榻米上坐着一位日本人，正警惕地监视着出入的清人。

第七幅的画面最有人气，其中出现的人物多达四十余位，它是刻画在唐馆的二门与头门之间清人与日本人的交易：画面上的日本人，在售卖各式各样的日用品（包括鸡、鸭、鱼、肉、碗、壶以及柴火等），有人还在问价，有的则提着刚买好的鸡、鸭往回走。画幅右边尚有三人正打揖作恭，相互行礼。对此，《长崎志》记载："二门之交，有五甲头亭、大小通事舍、看货所。唐人晨夕出此交易，门有土公祠，其侧小商开店，挂牌陈设酒果等食物，互市相便。"

第八幅是唐馆的头门。门的两侧，一左一右各站着两位插刀手，似乎正盘问着从馆外归来的中国商人。在他们之前，则有一位日本人扛着货品，正走进大门。另外，该幅图右侧，有天明壬寅日人藤一纯的《跋华人邸舍图》：

> 夫华人来舶于长崎者久矣，其船所载来文籍、药物等，利民者多矣。其初幕府有命，建邸舍于今之地，俗所谓十善寺唐人屋敷是也。或云：盖此地寺观之旧趾［址］，故有此名云。吾昔年于士人之家，借此图而模得之。传道此本先世邦君命良工画之，别有《红夷邸舍图》一轴，并以为一函云尔。

据此可知，这轴《华人邸舍图》，是早年长崎地方官命令丹青妙手所画。天明壬寅，亦即天明二年（1782年，乾隆四十七年）。跋中提及唐人屋敷之由来，其中也谈到"红夷邸舍"，也就是长崎出岛的荷兰馆。据此，《华人邸舍图》原是与《红夷邸舍图》合为一轴共为一函。这让我联想到，前文提到的《唐馆图兰馆图绘卷》，也是将唐馆图与兰馆图合为一体。另外，《长崎唐馆图集成》中还收录了《唐、兰馆图屏风》等。这些都说明，作为对来舶长崎外国商人之描摹，唐馆和兰馆的相关图画，经常是合在一起的。

另外，从整轴画卷来看，在《华人邸舍图》的跋与其他图幅之间，有一处明显的粘贴痕迹。所以我很怀疑，这个跋其实是后人在装裱时重新粘贴上去的。而就画幅原先的顺序来看，应当是倒过来排列，换言之，应当是从进唐馆大门、到二门，再到唐馆内部。而跋，则应当粘在现在的第一幅之后。事实上，《长崎唐馆图集成》中收录的唐馆图，有好几种都与《华人邸舍图》大同小异。图幅的顺序也应先是唐船抵达长崎，然后才进入唐馆头门、二门，再到唐馆内部，这从逻辑上看也显得更为合理。

（五）

现存的长崎唐馆图，就其内容来看，有的重在展示唐馆的整体布局，有的聚焦于唐馆内部中国人的日常生活，有的则状摹了中日贸易的整个过程。还有少量的唐馆图，除了唐馆内的生活细节外，还涉及馆外日本人的劳作。就一般的构图而言，整个画面多是景物鲜妍日色融和月白风清，点缀于闲庭空廊间的船商水手也大多锦衣华丽，穿插其中的日本游女（妓女）更是腰身绰约，步履妖娇。这当然是在烘托气氛渲染情调，意在展现长崎唐人之居息得所、唐馆管治之井井有条，并藉以凸显日本人心目中"远夷向化凑长崎"的主体意识。这虽然未必完全是江户时代唐馆生活的实态，但却是我们管窥中日贸易以及民间文化交流的重要资料。

中古时代，圣德太子派遣小野妹子使隋，递交的国书中自称"日出处天子"——这是七世纪初日本面对西邻强国刻意表现出的自尊姿态。而今，借助江户时代的这些唐馆图，则让我们遥望历史，而有了许多清晰的发现。

在现存的长崎唐馆图中，京都大学附属图书馆收藏的《崎阳唐馆交易图》，尤其值得重视。所谓崎阳，亦即长崎之别称。清代杭州儒商沈燮庵，曾作有《舟抵崎阳即景一首》，诗曰：

岛合重重叠叠山，天教设险锁雄关。
万家烟火朝霞里，千舶帆樯暮霭间。
陇亩铺青舒野色，松篁滴翠破屏颜。
此中绝似吾乡景，畅好乘风一往还。

在长崎期间，沈燮庵曾受德川吉宗之命，负责校订《唐律疏议》。根据大庭修教授的看法，江户时代来日的中国人中，沈燮庵之学术造诣最为精深。该诗状摹了长崎的风光景色，夸赞可以与家乡杭州相媲美。

京都大学所藏的这册《崎阳唐馆交易图》计有八幅，图画与文字相间，以唐船与长崎贸易为中心，描绘了从唐船抵埠到交易完成的各个环节，以及中日间的文化交流、民间信仰等诸多方面，设色淡雅，摹画细腻，是了解十八世纪东亚历史景况的绝佳史料。

书中的第一图为"起货"，是指唐船抵达长崎后，日方官员率唐通事、搬运人夫等上船，照货册查点货物，并以小船搬运上岸，堆放于库楼。第二图"南京寺"，系"三江帮"商人在长崎资助、建立的寺庙。所谓三江帮，系指江苏、浙江和江西的商人。当时，从事长崎贸易的唐船皆供奉天妃（妈祖）神像。起货之后，船商要鸣钲击鼓，将神像抬送到南京寺内祭祀。第三图"王取货"，这是指将唐船携来的货物送至地方衙门，由日方派专人审查，选择其中成色最好的呈献给幕府当局，然后才标价出售其他的商品。第四图"丢票"第五图"出货"和第六图"开漆器店"，则分别描摹了货物标售给日本商人之后，接着的连续几天，日本人在唐馆内设铺，兜售洋漆、铜器以及其他的日用商品，听凭客商购买并采运回国。此外，第七图和第八图分别是"唱戏"和"看会"，这是对有关日本神会的刻画。届时，中国商人也可以前往观看。关于"唱戏"，画幅的说明这样写道：

> 日本神会，在王府后空地，迎面盖供佛松棚一座，三面俱盖席棚。是日备酒饭，请众商于平明时至棚内坐落。戏从街巷来，每出，先抬大木床一张，安放地中，即为坛场，然后挨班上场，或舞扇，或舞花，或舞草帽、花篮等物，齐声唱舞。

这是对长崎迎神赛会的描述。关于这一点，《日本杂咏》有诗曰：

> 年年迎送大明神，设想争奇故事新。
> 打跌惯称天下一，采茶歌唱学唐人。

在江户时代，日本人称中国为唐山，中国人为唐人。诗中的"大明神"亦即诹访大明神，长崎的诹访神社也叫诹访大明神庙。对此，道光时人翁广平在《吾妻镜补·风土志》中指出："重九迎大明神会，土地也。会中人相扑为戏，身上图一圈，圈中写'天下一'三字。小童装作唐人，击鼓，唱采茶歌。"此段文字，可以作为《日本杂咏》诗之注脚。另外，上揭诗作者为徽州人沙起云，他曾活跃于闽、广一带，并长期来往于琉球、萨摩、长崎以及东南亚的暹罗、安南等地。沙氏所撰的《日本杂咏》计有十数首，其中之一就是对诹访神社秋祭的状摹。

关于诹访神事，日人平泽元恺在《琼浦偶笔》中指出："重九之日，乡人祭土神。先是，移神舆于假殿，此日还祠。祠前设观台，两镇诸陪咸登。既而俳优诸舞次第进，舞样多模唐山，盖学之唐商云。礼毕，两台谒祠，祠曰诹方……"平泽元恺生于十八世纪中后期，为人"好游，西穷长崎之滨，北入虾夷之壤，广袤五千余里，足迹遍海内"，游履所经，追写成文，著有《漫游文草》五卷，具有极佳的汉文修养。《琼浦偶笔》是有关长崎的一部笔记，从中可见，日方于重阳日前后请中国商人到唐馆外看戏，观看日人表演歌唱和舞蹈。文中的"诹方"，亦写作"诹访"。有关诹访神社的秋祭，日本大阪中之岛中央图书馆收藏有绘卷《崎阳诹访明神祭祀图》，其中就有相当生动的描摹。在绘卷中我们看到：诹访神社的盛大迎神队伍中，除了日本的各类民艺、人物角色展示之外，尚有"妈祖行列""蛇踊り"（舞龙）"唐乐拍子"（中国的锣、鼓、唢呐）、"大萨摩""中国风乐队""鞑靼"（清人打扮的小孩）、"唐柜"和"唐人"等，这些，都与中日贸易以及随之俱来的清朝时尚密切相关。

此外，神事行列中还有"オランダ（荷兰）乐队""西洋道具""种子岛铳""阿兰陀通词""唐通事""カピタン（甲必丹）"和"オランダ"（荷兰人形象）等。从绘卷可见，种子岛铳枪口上还挂着一只大鹰。关于这一点，对日本史稍有了解的人都会想到铁炮（火绳枪）传入东瀛的历史。根据日本史料《铁炮记》的记载，天文

十二年（1543年，嘉靖二十二年），一艘开往宁波的葡萄牙船因暴风雨漂流至日本九州的种子岛（今属鹿儿岛县），船上有船客百余人，"其形不类，其语不通，见者以为奇怪矣"。多亏其中有位徽州儒生王直（也就是后来自称为"徽王"的海商首领，历史教科书上通常视之为"倭寇"头目），他以笔谈的方式告诉日本人——这些不速之客为"南蛮商人"，亦即来自葡萄牙的贾客。随后，日本人以高价向葡萄牙人购得火绳枪，迅速学会使用并加以仿照。此后，和制的火绳枪就被称作"种子岛铳"，此一新式武器大大改变了日本历史的进程——神事行列中的"种子岛铳"，显然就是为了纪念日欧交涉的早期历史。其时，无论是"南蛮"（葡萄牙人）带来的长枪短炮，还是后文提到的唱戏、看会中模仿刘备、诸葛的唐人戏剧，均被左右逢源的长崎人悉数纳入自己的文化版图。而在此类吸纳异国文化的过程中，中国海商均扮演着重要的角色。

神事行列中的西洋妆扮还有"阿兰陀通词"等，所谓阿兰陀亦即荷兰（オランダ之音译），而"通词"也就是翻译，阿兰陀通词是与唐通事相似的职业，只是负责沟通的对象不同而已。此外，"甲必丹"也写作噶必丹（相当于英文中的captain）。对此，曾在长崎与平泽元恺有过对话的徽商汪鹏，在其《袖海编》中指出："唐船而外，有红毛船来贩，定例二艘，七月下旬返棹，信风来去，不违时日。其舟主名噶必丹，即本国之官，今岁到者，来岁押船归国，递相更替。其馆舍亦壮丽可观，红毛故奉日本正朔者，年例春正至都会入觐，四月返崎，贡献惟虔，赐予亦厚。"这一段话是说——荷兰商馆馆长每年都要前往江户（今东京）拜谒幕府将军，以表达对其允许荷兰与日本通商贸易之谢意。据载，从宽永十年（1633年，崇祯六年）迄至嘉永三年（1850 年，道光三十年），荷兰人的"江户参府"（亦称"红毛人上江户"）共计一百一十六回。当时，从长崎出岛前往江户，来回旅程大约在九十天左右，除了荷兰商馆馆长之外，同行者还有医生、书记、阿兰陀通词以及警卫、役人等，统共大约五六十人，浩浩荡荡地前往江户。这些金发碧眼的"红毛"蛮夷，深受沿途日本人的瞩目——诹访秋祭神事行列中的"甲必丹"，应当也就是为了反映此一颇具特色的"江户参府"活动。上述这些，都展示了日本与西洋长期的互动与交流。

（六）

《崎阳诹访明神祭祀图》一书，状摹的是十九世纪初期日本神会的盛大场面。关于这一点，稍早的唐通事教科书《译家必备》中，有以下的描述：

> 王道礼是九月初七、初九这两天，在馆唐人，每船五个人出馆，到王道头来看戏。王道头预先搭起台子，叫唐人坐坐看戏，这也是各船定例，送礼的了。这两日各番本街也送酒肴、果饼来，街官房也办了酒菜，请大家吃吃。唯独九家老爹送唐人的受百果最体面，排出这一架受百果的时节，学通事向各船主说："这是九家老爹奉送各位申贺佳节。"

"王道头"是长崎的一处地名,当地九月初七、初九两天请唐馆内的中国商人出来看戏,称作"王道礼"。届时,由唐馆外各街的日本人置办酒菜,招待中国商人,并表演戏曲舞蹈。这里的"受百果",原是日人郊游时所携的一种器皿,做得相当精致。文中的"学通事"系唐通事之一种,而"九家老爹"则是长崎最大、最有势力的九个唐通事。老爹,是明代以来中国人对官员的称呼。关于唐通事,童华在《长崎纪闻》中指出:康熙年间日本方面为了控制贸易规模,发给中国商船信牌,信牌上钤有译司的印章,"译司者,通事也,凡九姓,大都皆商种也,司贸易之事。商人无照者,船不得收口,货不得入市"。所谓商种,是指唐通事大多是早年赴日的中国商人之后裔。由于他们在长崎贸易中具有举足轻重的处制权,故当其前往唐馆时,往往"踞首座,颐指气使,直呼商名。少不如意,辄骂詈而去。商人蠕行鼠伏,媚词泉涌,自同奴隶"。也正因为如此,在长崎,中国商人习惯性地称呼唐通事为"老爹",以示对他们的尊敬。《译家必备》中的对话接着指出:

　　　　那时唐人起身,向九家老爹谢说:"多谢各位老爹费心!"方才三四条街的戏也过了,第五街的是仿唐山的戏,唐人看见这个戏,喜欢不过,各各伸出头来看,说:"好啊!好啊!老爹,这个戏文扮什么故事呢?"
　　　　"那个就是汉高祖芒砀山斩蛇的故事。"

　　最后一句是唐通事所说的话,他指出:此一表演典出刘邦酒醉之后在芒砀山斩蛇、聚兵起义的故事。接着,《译家必备》还有:

"是了！是了，不差！这一条街是什么故典？"

"这个是《三国志》里头的刘玄德三顾茅庐的故事，那个头上戴乌纶巾、手里拿白羽扇的，就是诸葛孔明，那进门来的是刘皇叔。我问你：那翻筋斗、跳狮子的戏，比你唐山好不好？"

根据唐通事的解说，眼前的表演是刘备三顾茅庐请诸葛亮出山、辅佐他重兴汉室的故事。在这里，唐通事得意地询问中国商人：你们看到的日本人表演得如何，跟中国本土的演出比起来，孰优孰劣？当然，中国商人一定得奉承几句：

"唐山也会做，难得贵国的是才十二三岁的孩儿，学会了那样的本事，论他的本事还可以，有的若论他的年纪，正真难得！原来贵地的人伶俐，晚生唐山，倒不如他这样巧，难得！难得！"

最后，"那里各街的戏都明白了，唐人各各要争先起身"。通事见状忙说："且慢些，大家不要动身，于今人多了，要走也走不得路，停停儿等他散了些走下去，还要你们拜拜神道，王府里差个家老在那里，你们要仔细！"在这里，唐通事让中国商人别急着走，还有一些仪式要做。而且，他还告诫说：当场有日本官府的人在那里，你们要小心一点。所谓仔细，大概是将福州话"细腻"二字直接翻译成官话，在闽方言中，所谓细腻有三个意思：一是仔细，二是客气，三是小心、注意。唐通事的祖先大多来自福州府属的福清一带，故有此说。

"晓得了。"

"魏八官，我不曾通知你，今日做唐山戏的三条街，年例有些赏钱，你通知各番赏他就是了。"

"魏八官"是中国商人的名字。在这里，唐通事说：今天表演中国戏的，是唐馆外三条街上的日本人，根据每年的惯例，他要求魏八官通知中国船商，要分别出一些赏钱给这些日本演员。

（七）

诹访神社与唐人屋敷（唐馆）、阿兰陀屋敷（出岛荷兰馆），是旧时"长崎十二景"中的三景。根据日本文献的记载，诹访神社的秋季大祭称为"おくんち"，与中国阴历九月九日的重阳节有关。该神事始于宽永十一年（1634 年，崇祯七年），迄今仍是长崎最为盛大的传统节日，被称为日本的三大祭之一。其中的舞蹈（奉纳踊）是日本指定的"重要无形民俗文化财"（相当于中国国家级的非物质文化遗产）。"おくんち"最重要的道具就是船只，其重头戏亦即转船——数十人同时推动一艘船，让它围绕着一个点高速旋转，然后推船的人可以跳上去，享受晕眩所带来的极度快感……，从本质上看，围绕着航船所反映的日本民俗以及域外风情，是海域文明交流

的一个极佳展示。对此,《点石斋画报》中有"东瀛社会"条:

> 日本商人于中历九月间迎长崎诹访社神出游,旋至大波户场厂中止宿。会中并无神像及鸾驾执事,惟异空舆三乘。是处计七十二街,每街制成彩伞一柄,龙船一艘,装潢穷极华丽。船中奏乐,均选俊童,外有多人牵之,以行陆地。更有华船一艘,船上儿童皆扮华人装束,头戴顶帽,各奏中华音乐。中坐一船主,晶顶煌煌,乌靴橐橐,补服挂珠,作指挥之状。后随各种戏剧,金童玉女,声色俱佳。前后计共游历三日,方始迎神返社,一时兴高采烈,几至人山人海……

此处的描摹,来自晚清时人的观察,至于其源起,在中国似乎未见有人深究过。近读日本长崎市役所编纂的《长崎市史》"风俗篇",其中提及:长崎唐人称诹访神事为九使庙祭、九使神会。关于这一点,虽然书中并没有提供更多的细节,但此一线索却弥足珍贵,倘若结合中国的区域史料,可以有一些意外的发现。

关于九使,明人徐𤊹在《榕阴新检》中曾引《晋安逸志》指出:晚唐福清黄檗山有巨蟒为祟,掇美女刘三娘入洞为妻,所生十一子之一为九使,后为神,"闽中往往立庙祀之"。徐𤊹为晚明时人,《晋安逸志》亦成书于明代。值得注意的是,福清是许多海商、水手、僧侣和唐通事之桑梓故里,当地历来就有前往东瀛贸易的传统。清顺治十一年(1654 年),黄檗山万福寺住持隐元应邀率众东渡长崎,将中国的建筑、雕塑、书法、印刷、医药、音乐、饮食等传入东瀛,特别是对日本近世佛教的发展产生了巨大的影响。从现存的《隐元

禅师长崎上陆图》来看，他们一行人当时所举的两面旗子，一是
"大明国福州府"，另一则为"福清县黄檗山"。此后，黄檗山亦遂成
为日本佛教黄檗宗之祖庭。结合此一史实，九使由来之地域背景似
乎暗示我们——除了佛教在日本的重大影响之外，道教系统的九使
信仰之传播，可能也与福州籍船商水手及僧侣的东渡密切相关。

　　揆诸史实，关于九使的资料极少，不过，早在明万历二十二年
（1594 年）福州灾荒期间，当地民众就曾以九使神庙为中心歃血结
盟，密谋抢粮。此后，在闽东的福州、宁德一带，以"九使宫""九
使庙"命名的地名颇有所见。从神性上看，九使类似于宋代以来江
南的五通，素以好淫著称，故在清代成了福州倡门的淫祀之神。根
据嘉道时人张际亮的《南浦秋波录》、近人郑丽生的《福州竹枝词》
等书的描述，以犬首人身为形象的九使，俗又称为"狗使"，民间
于九月九日祭之。此种神明，为许多赴日海商水手所信奉，具体的
标志是不少信徒姓名之最后一字，均带有"使"字。例如，天保六
年（1835 年，清道光十五年）前往长崎的中国某商船成员共计一百
余名，其中冠名"某某使"的竟多达五十人，占了将近一半。在长
崎当地，还立有专门的九使庙。乾隆时代徽商汪鹏在《袖海编》中，
就提及长崎的九使庙：

　　　　九使庙规模宏壮，典礼尊隆。或曰：其神福州人，林姓，
　　祀不知所自始，道家主之，其品级与镇府同，唐馆有香火例金，
　　年请看茶一次。

　　汪鹏系徽州歙县人，为明代海商头目王直的同乡，他从杭州三

度前往长崎，所撰的《袖海编》，生动地描绘了唐馆内的建筑格局以及唐人的日常生活。稍后的翁广平，在《吾妻镜补》一书中，也列有一份唐船献给各寺庙的礼单——《长崎送寺礼连匹头》，其中就有"九使庙礼二色"。从九使庙貌、品级以及来舶唐船皆要向其奉献香火等来看，九使信仰在当时具有崇高的地位。特别值得注意的是，雍正时代的苏州知府童华，曾根据对海商的调查，撰有《长崎纪闻》一文，其中提及：长崎除了奉祀关帝、观音和天妃之外，"其道教祀林九舍"，"九舍"亦即九使，"林九舍"也就是九使神的原身。据童华说，吕宋曾欲袭击长崎，有个福建人叫林九舍，他打听到这个消息后，便私下密报给日本人，让后者预先有所准备。及至吕宋船前来偷袭时，因日人早有防备而无法得逞，他们遂激愤地对日本人说："这一定是那位林九舍，泄露了我国的军事机密。倘若将他交出，我们就全军而退；否则，便只有决一死战了！"日本人起初拒不交出，但林九舍听闻此事，立刻挺身而出，他说："以吾一身而息两国之争，吾何惜一死！"于是，吕宋人将林九舍处死后便鸣金收兵。此后，日本人对林氏的义举感恩戴德，遂将其奉祀起来，据说一向颇著灵验……

在清代，苏州虎丘山塘设有嘉惠局，主管日本铜务，许多从事长崎贸易的商人因此也都定居于苏州，故有"苏州铜局商人"之称。知府童华的这段记载，显然得自这些铜局商人。而追根溯源，其消息应源自长崎一带的传说。揆情度理，所谓吕宋袭击长崎的传说，应当和日本与欧洲罗马旧教国家之冲突以及幕府当局对天主教之恐惧密切相关。据日本史籍记载，庆长元年（1596年，万历二十四年），日本火山、地震频发，兵燹灾荒不断，正在此时，一艘大吕宋

（西班牙）的"圣斐理伯号"商船，在由殖民地菲律宾（史称小吕宋）驶往墨西哥途中，因遭受巨浪侵袭，而在日本浦户港抛锚修理。当时，一些对天主教充满恐惧的日本人，在谣言的蛊惑下，误信该船是一艘战舰，满载着兵士和武器准备入侵日本，遂掀起迫害天主教徒的狂潮。而林九舍的故事，显然就是以此一事件为其历史背景。就这样，福州的土神信仰夤缘际会，随着东渡的僧侣和海商水手，被放在了东亚贸易、东西文明冲突的背景下去演绎……

近世东亚形势波云诡谲，倘若结合中日相关史料，似乎可以这样认为——中国人，确切地说是从事东西洋贸易的福州人，与早年的长崎诹访神社之信仰有着不解之缘。这样的推断，或因书阙有间尚有一些史料缺环，但从上揭的一些线索来看，诹访神事的例子，集中凸显了东亚海域的跨国贸易、移民网络、民间信仰、文明冲突等错综复杂的相互关系，同时亦隐含着民间文化交流中极为丰富的诸多内涵。

（八）

近数十年来，以区域取向探析和理解中国社会的历史过程，在中国史研究领域蔚然成风。此后，文化史，特别是"眼光向下"的社会史、历史人类学之发展，更促进了当代史学的演进。而区域社会史的方法，亦为域外汉籍研究提供了新的视角。随着域外文献的大批刊布，在东亚视域中，国与国之间的经济、文化交流，其主体不再是笼统的"日本人""中国人"或"朝鲜人",而是还原为具体人群之间的交流,政治史、贸易史以及广义的文化史可望转向社会史的研究。这对域外汉籍史料的研究,提供了一个新的区域视角,使得相关研究得以更为深入。在此背景下,各类图像,域外汉文文集、笔记,以及语言课本等,亦遂成为重要的史料来源。翻阅这些资料,在全球史的视野下瞻瞩中外盱衡古今,令人时常有邂逅佳景、胸襟畅豁之感——长崎唐馆图、唐通事相关史料以及长崎浮世绘等,为中国区域研究以及中外文化交流平添了诸多线索,理应得到更多的关注。

（此文原以《遥瞻日出乡》和《长崎唐馆图》为题,

分别刊于《读书》2014 年第 3 期、第 4 期）

长天远水琼浦月

（一）

  我曾先后三度到过长崎，对于这个城市始终充满了好奇与兴趣。将近十年前的一个初冬，在长崎历史文化博物馆翻了整整两天的古籍抄本，走出馆门时已是夜色渐浓，皓月初升……回到旅馆稍事休整，我决定出去随便走走。

  长崎与我二十多年前花了不少精力研究过的扬州颇相类似，直到现在，那里的不少地名还让人浮想联翩，一些地方让人想到了江户时代，甚至似乎也回到了中国的雍乾嘉道年间……这是个不大的城市，只要时间充裕，靠双脚并不难走遍全城。旅馆近侧便是著名的新地中华街，而朝另外一个方向，不远处即是面向大海的长崎港。我沿着出岛，走到一个叫"大波止"的地方，忽然想到白天刚刚读过的两段话：

《向井閑齋日乗》（日本长崎历史文化博物馆藏）

（七月）十六日，晴。昧爽，诸所放大煩，报红毛舶入港，夜至大波户巷，遥观海口两戍之备设。

……

二十一日，晴。昨夜红毛二番舶入港，夜之大波户看之。

这是长崎圣堂第八代祭酒《向井閑齋日乗》中的文字，时间是日本的天保三年，也就是1832年（道光十二年）。"红毛舶"亦即荷兰商船，它们在驶入长崎港时，日本海岸方面便会鸣炮警示。从中可见，当年的大波户是个巷名。而现在的大波止则在出岛北面，连接出岛的就是大波止桥，该桥西边面对着长崎港，横跨在中岛川上。在出岛，现在建有"出岛和兰商馆迹"，也就是原先荷兰商人的聚居地。看到"大波止"的地名，我曾猜测，此处应离海岸不远，倘若从汉字望文生义，或许与海浪所至之处有关吧。当然，这只是一种猜测，不过，由此也联想到长崎地名来源的种种传说。日本内阁文库所藏的《长崎记》上册，就有"长崎及名称由来之事"：

长崎过去称为"深江浦"，地处偏僻，很少为世人所知。然而到了文治年间源赖朝执掌朝政时，有一个名为小太郎的人来到了深江浦。因为他的原因，商船往来于近乡江，始称长崎，

从黄山白岳到东亚海域

而原先的深江之名称渐渐不再使用。

文治年间为公元十二世纪晚期，源赖朝则是平安时代末期武将源义朝之子，也是日本镰仓幕府的第一代将军，为武家政治之创始人。上述这条史料笔者尚无缘亲见，此处转引自日本学者松浦章的论文。不过，唐通事教科书《琼浦佳话》中，对于长崎之得名，却有着不同的说法：

> 话说长崎地名，原来叫做琼浦，这地方风水景致虽是可玩，只是西国里头一个偏僻的所在，山水幽雅，树木葱笼，朝霞暮烟，四围弥漫，只好餐霞之士、骑鹤之仙可以居住的，不是车马来往的去处。

《琼浦佳话》接着讲述——有个会看风水的读书人名叫"长崎"，此人云游四方，喜欢"赏玩山水"。有一年，来到琼浦这个地方，慧眼独具的他，一眼就看出该处的区位优势和经济潜力："这地方虽然像个仙乡，其实自有利市的气象。东张西望，越看越像，一日在山水之间，来来往往，留恋不舍，就把这地方开辟起来，做个码头，地名改做长崎。"文中点出了"长崎"地名之由来，以及作为贸易港口的渊源。上述的说法，与中国传统小说、谱牒文献之写法颇相仿佛，也就是以风水择地，通过堪舆之术选择定居和贸易场所。接着，《琼浦佳话》又描摹了长崎开港之后的繁荣盛景：

> 后来果然繁华起来，中华、西洋的人都来做经纪，一年来

千去万，陆陆续续，生意不断，足头、糖物、古董、珠玉、八宝等样满载而来。日本六十六国做交易的人，听见这个好消息，喜不自胜，大家把血本席卷，星夜赶来，买货营运。也有手头艰难，好几年在家走水，满脸晦气，没处去个好生活的，忽然察听些风声，只当死里还魂一般，欢喜不迭说道：这几年不曾烧个利市，这时节不去撰钱，更待何时？这叫做天赐其便的了。说罢，把田产家伙、什物变卖了，做个本钱，饥餐渴饮，连夜飞跑而来，做买卖，生意大兴，大家好几年所折的血本，尽皆讨得回来。地方居民一年多一年，市场香火一日兴一日，件件都好，般般俱美，把荒僻的地方，竟做个花锦世界。

长崎开港之后，可谓山川生色，卉木增华。对于当年的繁华景致，《琼浦佳话》之作者还吟诗一首："千丈韬光耸九州，从来山水压丹丘，且看西海边隅地，独作扶桑大马头。""丹丘"是传说中神仙所居之地，《楚辞·远游》即有："仍羽人于丹丘兮，留不死之旧乡。"王逸注曰："丹丘，昼夜常明也。"这首诗点出了长崎从默默无闻的山水之乡、西部边隅之地，一下子成了日本西南的大码头。

其实，从文字上看，无论是"长崎"还是"琼浦"，类似的地名在中国南方（特别是福建沿海）皆不罕见。福州乡土史家郑丽生在《闽广记》中指出："福州谓陡坡曰崎。"这一点，与长崎之地形亦颇相契合。由此，或许也从一个侧面反映出东亚海域几个世纪以来彼此间密切的联系。

（二）

在江户时代，日本奉行闭关锁国政策，但开放长崎一地与荷兰和中国通商。当时，在苏州的虎丘山塘上设有嘉惠局，主管前往日本采购东洋铜的事务。关于对日铜务，清代中叶吴江人翁广平在《吾妻镜补》中指出："自康熙六十年间，定例于苏州立官、民两局。其领帑银以采铜者，曰'官局'；其以己财、货物易铜而转售卖苏局以资鼓铸者，曰'民局'。各造四大船，每船约容万斛，于嘉兴乍浦所开船，每船办铜千箱。"其时，许多从事中日贸易的商人都定居于苏州，史籍中遂有"苏州铜局商人"之惯呼，其中有一些铜商来自江北的扬州，为囊丰箧盈的两淮盐商（特别是出自徽州的盐商巨贾）所兼任。当时，受政府特许，这些商人每年都凌波泛海，前往日本采办洋铜。在长年的中日贸易中，他们捆载而来，取尽锱铢，既从日本运回了条铜、昆布、海参、鲍鱼、鱼翅和漆器等，又将中国的丝绸、药材、糖货及书籍字画等源源不断地运销日本。对此，嘉道年间诗人陈文述曾在《铜船行》一诗中指陈形势：

铜山既已崩，铜官亦久废，滇铜远自昆明来，洋铜更越沧溟至。

日本之国萨摩洲，长崎小岛如蜉游，何年中外通互市，沧波泛此万斛舟。

中华草木皆仙材，云帆浩荡乘风回，东海布帛西纶组，远与赤堇同西来。

……

上述这首诗出自《颐道堂集》，为清嘉庆十二年（1807 年）刻本。此一诗歌，较为全面地状摹了十九世纪前期中日之间的贸易与交流。诗中提及除云南的滇铜外，还有来自东瀛之洋铜，皆为中国铸造铜钱所急需。除此之外，陈文述还有另外一首《查乐园舅氏归自日本听话长崎岛之胜》：

一角长崎岛，东溟国上游。碧箫嬴女至，铜鼓汉槎留。
海市鱼龙夜，家书雁鹜秋。遥知唐馆月，望远独登楼。

长崎位于九州西北一角，为当时的贸易码头。诗中的"唐馆"，亦即 1689 年在长崎建成的唐人屋敷，是当时中国海商、水手的集中居住地。据 1711 年日本人编纂的《长崎志》记载："月夜楼上吹笛，其声清亮，曲中有望国之思，题为'华馆笛风'，即居镇治十二景之一。"与中国各地常见的"八景""十景"相似，深受中华文化影响的长崎方志中，亦列有"十二景"，而"华馆笛风"即是其一，这在不少长崎唐馆图中皆有展示。陌上楼头，月色皎然，舟人市贾寥落天涯，愁思交集。在当时，"华馆笛风"与荷兰商馆之"扇屿凄笳"，形成了鲜明的反差。

荷兰商馆又叫"红毛库"，始筑于 1635 年，为荷兰商人的集中居住区。因其"状类扇面"，故俗亦称为"扇屿"。对于荷兰商人的活动，曾多次前往长崎的徽商汪鹏曾描述："唐船而外，有红毛船来贩，定例二艘，七月下旬返棹，信风来去，不违时日。其舟主名噶必丹，即本国之官，今岁到者，来岁押船归国，递相更替。其馆舍亦壮丽可观。红毛故奉日本正朔者，年例春正至都会入觐，四月返崎，贡献惟虔，赐予亦厚。"揆诸史实，"筬"是传统时代的一种管乐器，汉时流行于塞北和西域一带，因当地多周边民族，故常与"胡"字相联，大家耳熟能详的"胡筬十八拍"，即是其例。历史上，曾有"一曲胡筬救孤城"之典，说的是西晋末年并州刺史刘琨，以一曲胡筬勾起思乡之情，从而巧退围攻晋阳的匈奴。"何处吹筬薄暮天，寒垣高鸟没狼烟"，清晨凄筬，黄昏惯听昏鸦，遥想当年，悲壮哀愁的凄筬，与暮色苍茫中的乌鸦，总是营造出人在异域的悲凉气氛。从《长崎志》的描述可知："胡人风俗，昏晓吹动筬角，互通音信，角声鸣乾，凄切尤悲，闻者伤心动怀"，故称"扇屿凄筬"，这也成了长崎的十二景之一。而从月色朦胧之"华馆笛风"，再到晨曦日暮时的"扇屿凄筬"，两相对照，似乎也反映了其时日本人对于东西方不同文化的偏好。

（三）

在盛清时代，来自杭州的徽商汪鹏曾多次前往长崎，他撰有《袖海编》一书，以生动的笔调记录了长崎的山水及文化。稍后的吴振械在《花宜馆诗钞》中指出："近吾杭汪翼沧贾于海外，著《日本碎语》一卷，备述彼国山川、风俗、物产颇详，亦名《袖海编》。"
由此可见，除了当代通行的《袖海编》之外，尚有另外一种版本取
名为《日本碎语》。后者是考据名家梁玉绳从汪氏稿本（鲍廷博收
藏）中摘出十数条，以"日本碎语"为题，编入嘉庆年间刊刻的
《清白士集》中。二者内容虽大同小异，但也有两条关键性的史料仅
见于《日本碎语》，如其中之一：

> 书籍甚多，间有中国所无之本，亦建圣庙，有官称圣庙先
> 生。客有携书往售者，必由圣庙官检阅，恐涉天主教耳。余购
> 得《古文孝经孔氏传》及《七经孟子考文补遗》，传之士林焉。

此处的"圣庙"，亦即长崎的圣堂。上文最后一句二十余字，
即未见于今本之《袖海编》。关于《古文孝经孔氏传》，根据《四
库全书总目提要》记载："旧本题汉孔安国传，日本信阳太宰纯
音。据卷末乾隆丙申歙县鲍廷博新刊，称其友汪翼沧附市舶至日
本，得于彼国之长崎澳。核其纪岁干支，乃康熙十一年所刊。""汪
翼沧"即汪鹏的字，据说，他是首先将乾隆皇帝开馆编修《四库全
书》的消息传入日本的中国人。也正因为这一点，他在长崎曾有目
的地收集遗佚日本的中国珍籍。《古文孝经孔氏传》传入中土后，
引发了考据学界对于该书真伪之辩论。此一争论，迄至晚近仍未
消停。

在当时，长崎是不少人魂牵梦萦的地方。江户时期儒学者古贺
精里在《题王石谷画卷》中写道："琼浦海舶互市之区，百货辐辏，
天下之求奇谭异闻及古器名书画者，多于是焉得之。"以往，对于从

中国传入日本的商品（包括舶来书籍等）的研究较多，但逆向的输入则较少涉及，这主要是因为相关史料的零散所致。事实上，除了前述少量佚存日本的孤本珍籍之外，长崎的一些花卉植物也流入中国。对此，汪鹏就曾指出：

> （长崎）四时之花无所不有，牡丹、芍药、樱桃、桂花、菊花均在邀赏之列，惟山茶、杜鹃、樱桃为更佳。樱桃较西府海棠色稍淡，实中土所未见者，花时微缀翠叶，如积雪披霞，娇而不艳，别有一种清皎之态，但花而不实，另有单瓣结子者。……盆玩中五针松极佳，中国恒购取不得，其势蟠曲离奇，有狮蹲豹伏之象，然皆矫揉以成，失其自然之致。又枫树种类甚蕃，有紫叶、艾叶、锦边、七角、九角之别，其余樱桃、九子梅亦皆可观……

江户时代日本有一部重要的笔记叫《琼浦偶笔》，其中有作者平泽元恺与汪鹏讨论东亚各类植物的一些内容，从中可见，汪鹏是位见多识广、博学多闻的中国商人。而在上揭的《袖海编》中，他就指出了中国商船希望从长崎购得五针松等盆景，另外还提及长崎的枫树种类颇多。对此，另一部唐通事教科书《译家必备》在记叙中国商船返航时，也有相关的记载："开船这一天，头目进馆验行李，……点了毡条、印花、绸纱、布定等项，交把唐人取去，一边验了粗用家伙、树木等件。原来唐人回唐的时节，各各买了几株花树，花是茶花、樱桃花、五针松、枫树，唐山没有这几样花树，所以各人喜欢买去送人的了。"此一教科书的记载，可以与《袖海编》

之描述比照而观。不过,这些树木输入中国后究竟如何繁殖与传播,以往似乎并未有人注意及此。

不久前,笔者因追寻清代徽商在扬州活动的相关史迹,偶然读到一条资料,即《洋枫行江聿亭属赋》:

> 洋枫之奇来何方?高樯大碇拂扶桑,鲛人海若不敢夺,天吴紫凤走遁藏。
>
> 曰此产自长崎岛,枝秀根蟠老而姣,从来尚叶不尚花,叶坼还胜翦刻好。
>
> 我闻枫落吴江冷,又称霜叶红于二月花,独有洋枫种最异,秋如绿柳春如霞。
>
> 当绿翻红红却绿,不与江枫相征逐,微物能操造化权,看朱成碧惊凡俗。
>
> 天桃艳杏满园红,洋枫也复翔春风,照灼转因纤雨润,娇酣更爱斜阳笼。

上引诗歌出自《学福斋诗集》卷三十一《竹西诗钞》。其作者沈大成为江南云间(今上海松江)人,是康熙年间诸生,后成为著名经学家,精通经史百家之书及天文地理、乐律算学、音韵训诂和金石考古等,校订书籍颇富,袁枚在《随园诗话》中曾盛赞其人之"博学多闻"。沈大成晚游扬州,先后在两淮盐运使卢见曾、盐务总商江春门下充当清客,与著名学者惠栋、戴震、王鸣盛等商榷于文墨之间,又与出自徽州的"扬州八怪"之一罗聘过从甚密。

上述的诗歌,明确指出洋枫来自长崎。对此,《洋枫行江聿亭属赋》一诗接着写道：

> 我昔南中始睹此，近年渐鬻山塘市，广陵花翁偶载归，一
> 时声价高无比。
>
> 老友聿亭买种之，春来放叶斗芳菲，岂借相公袍上紫，还
> 欺美女口边脂。
>
> 聿亭好事尤好客，每向花阴施茵席，主人既醉客亦醺，洋
> 枫与客颜俱赤。
>
> 肯辞百罚红螺杯，停车点笔胡为哉？莫嗤梵志因缘幻，曾
> 笑麻姑狡狯来。

《竹西诗钞》之"竹西"，是扬州之别称，而《学福斋诗集》为
清乾隆三十九年（1774年）刻本，记录了盛清时代诸多盐商之引觞
醉月、玩景吟诗的遗闻侠事。此处则描述了从长崎传来的洋枫，曾
经流入苏州山塘花市，又从那里被辗转卖到扬州市面，一时间深受
许多人的喜爱和追捧。据李斗所撰《扬州画舫录》的记载：江聿亭
即江晟，号平西，"少喜乘马，足迹遍天下"。晚年与他人合作制造
了一种叫"平安车"的交通工具，由侨寓扬州之歙县画家方士庶绘
图、刻石，一时"传为盛迹"。对此，沈大成曾作《聿亭自造平安车
属为作歌》："歙路欹岖如走陆，岭峻厓县难运毂，先生精思自出奇，
山行泽行信所之。"由此可见，生活于繁华靡丽之乡的江晟，与当时
扬州的其他盐商一样，亦殚思竭虑地侈逐新奇。

此外，在《歙北江村济阳江氏族谱》中，有一篇较长篇幅的江
晟传记，个中提及，从其祖父开始，江家就侨寓扬州从事盐业。江

晟本人"好宾客,精舍数楹,艺花种竹,集饮其中。家藏法书、名画,暇出鉴赏,一味之甘,必与故人尝之。少读书,不治章句,然能通其大义,喜尺牍,零纨断简,收弆无遗"。从这段描述来看,江晟热衷于将娇花异卉贮之金屋,配以华堂。其人于持筹握算之余闲,得吟风啸月之雅趣,举手投足,无不带有豪侈风雅的"盐商派"。耐人寻味的是,族谱中的这篇传记也出自沈大成之手。该传记还提及:"从兄弟鹤亭、橙里同在一巷,朝夕过从,孔怀式好,至老弥笃。"文中的"鹤亭",亦即势力煊赫的盐务总商江春,而"橙里"也就是江昉,系江春的弟弟,当时也侨寓扬州。江昉为候选知府,著有《练溪渔唱》三卷,集中的《山中白云词》一卷,也是沈大成为他作的序。另外,乾隆时代著名诗人、金石学家王昶,在所编的《国朝词综》中,就收录了江昉的《一枝春》:

> 丹凤梭翎,是谁乘万里星槎,偷取回风似舞,翦碎海天霞缕,石家慢数,纵七尺珊瑚输与看,最好照影扶疏,略借夕阳低护……

词题小注曰:"洋枫本小叶繁,芽初发如燕支,春深转绿,海贾载来,购之甚不易得。因赋此阕,以记草木之殊异也。"这首词,显然也可与江晟之《洋枫行江聿亭属赋》相互参照。由此,我们不难勾勒出源自海外的名花异卉由苏州传入扬州的流行轨迹。

此后,洋枫播芳扬馥,争艳于秾桃繁李,在大江南北逐渐流传。道光《续修桐城县志》就提及:"近日有一种洋枫,枝叶似枫,然枫叶先青后红,洋枫之叶先红后青,人家植之。"可见,稍晚于苏州、扬州，洋枫也传入了皖江流域。及至晚清、民国时期，江南各地的洋枫（亦称红叶树）似已普遍种植，关于这一点，在浙江嘉善、衢县和江苏宝山等地的方志中皆有记载。

除了洋枫外，"海茶"亦由日本传入。郑丽生在《闽中广记》一书中指出："福州人家庭宇所植，首重兰花，次则茶花，高门甲第所种，或只有此二种，而不及他卉。茶花有山茶、海茶之别，海茶即山茶之变种也。山茶少瓣，色多沈红，海茶则诸色兼备。旧时世重滇茶，闽人独重海茶，以自日本传种来也。凡言茶花，皆指海茶。"上述的这段记载，亦见郑著《闽广记》卷二。从中可见，"海茶"亦称"洋茶"。在清代，除了前往长崎的一些船主来自福州外，唐船上的水手则更以福州府出身者占绝大多数。海茶之传入榕城并为当地人所珍爱，显然就与此一海外贸易背景有关。

除了植物之外，当然还有其他的一些商品流入中国。早在1993年，台湾学者刘序枫就曾指出："从海产品到日常生活用品，都可以在乍浦街上看到。又透过牙行及商人之手，再流入江南的流通与消费中心苏州。"此后，赖惠敏则专门聚焦于苏州的东洋货与市民生活。根据她的研究，当时从日本进口的食品（包括海参、鲍鱼、鱼翅、海带、琼脂和腌制品等）、铜器（食物器皿、书斋用品和妇女妆奁等）以及漆器等，对于苏州市民的日常生活曾产生了重要的影响。当然，此种影响并不局限于苏州一地。仅举个浙江的例子，清人纳兰常安在所著《宦游笔记》中，就曾提及在当地流行的"长崎花手巾"："东洋长崎岛梅英轩花手巾，以纤缟缣素为之，团束绉叠，制成各色花朵，如轻绡蝉翼之薄，径围约二尺，每十朵一匣，盥洗时，取一朵浮盆中，宛似新水出芙蓉，流光泛滟……"纳兰氏将此"精巧绝伦"之花手巾，与汉武帝时"西域献蛱蝶罗，金光炫人耳目"相提并论。

（四）

日本汉诗人梁川星岩有《琼浦杂咏》，诗前引曰：

（长崎）呑为夷蛮互市之场，勿论风土饶乐，其山蹙水笑，酒碧灯红，较之十里珠帘、二分明月，盖亦仿佛焉。

在江户时代，长崎川原衍沃，街衢绵亘，其"丸山花月"更是蜚声远近。凝妆翠楼之妇，添香红袖之姬，一笑回眸，尽态极妍，令人心痴意迷。对此，汪鹏即曾吟咏："红绡队队雨丝丝，斜挽乌云应办时，蜀锦尚嫌花样拙，别将金片绣罗襦。"的确，撩人月色之下，柳陌花蹊，舞扇歌裙，总让人想到扬州的二分明月。

在清代，汪鹏与江南的士大夫颇多交往，但他只是个离乡远涉的徽商，并非博洽淹贯之鸿儒，故而留下的记录相当有限。好在乾隆《杭州府志》中还有简略的一百余字：

汪鹏字翼苍［沧］，仁和人，通文史，旁及书画，慷慨好施予，朋好中孤寒者助膏火，以成其名。亲串有婚嫁不克举者，成全之。尝泛海往来浪华岛，购古本《孝经》、皇侃《论语疏》、

《七经孟子考异》流传中土，后殁于舟中。先是，海舶例不携棺入中土，十年前有客死者，鹏为岛中人言之，得破格从事。至是，不烦请托，竟举丧以归，人谓忠信之报云。

这个小传中最重要的信息是说汪鹏留心经籍，曾购得《古文孝经孔氏传》《论语集解义疏》和山井鼎的《七经孟子考文补遗》，前二者刻入徽商鲍廷博的《知不足斋丛书》，而《七经孟子考文》及其补遗，则由盐商江春甥孙、著名学者阮元刊刻而得以广为流布。从方志小传后所注的"行略"二字可知，此一传记应是根据其人家传改编而成。不过，个中仍有一些错误。例如，"浪华"应指江户时代的大阪，汪鹏虽多次前往长崎，但并没有"往来浪华岛"。

值得一提的是，乾隆二十九年（1764年）作于长崎唐馆的《袖海编》，不仅为中国人的第一部日本通史——翁广平之《吾妻镜补》所频繁征引，而且还先后被收入《昭代丛书》和《小方壶斋舆地丛钞》。及至十九世纪中叶，该书又被俄罗斯驻北京布道团所获得，为此，茨韦特科夫著有俄文译本《中国人关于长崎的札记》。此外，1941年，荷兰汉学家高罗佩亦将《袖海编》一书翻译成日文，并附有日文简介及注释，在东京出版。这些不同的文本，若影与月俱、香随风送，于长天远水之间遥遥相映，成了海内外了解十八世纪中国人认识日本的经典之作。

作于庚子盛夏

（原刊于《读书》2021年第1期，刊发时颇有删节，此处为全文）

琉球馆

（一）

此前赴闽南参加"寻访海国文明"的学术研讨会，顺便回了一趟福州老家。

九月底的榕城，天气渐凉，空中下着濛濛细雨。上出租车后，我对司机说：到琯后街。司机听罢愣了一下，问我上哪？我重复一遍，接着又补充一句：在南公园一带。哦！——司机是位五十开外的人，他忙说：知道！知道！然后自言自语道：好久没听人说起这个地方了……

上午八九点的福州，堵车是常事，司机为了赶时间而东奔西突。沿途掠过车窗的，不少皆是颇为时尚的地名，许多地标不是佶屈聱牙的洋品牌，便是抄袭北京、上海的大店名称……，不久，司机将我带到国货西路，指点我说沿着路边的小巷进去，便是琯后街。我依言顺着小巷走入，一眼就看到周遭屋墙上刺眼的"拆"字。其时小雨初霁，阳光洒落在湿滑地面上的光影忽明忽暗，沿途榕荫下，仍可见一两间残破的"柴栏厝"（老福州传统的木结构）。路边有对老夫妇在卖猪肉，还有人支起简易的小摊磨刀、修车，……虽然拆迁在即，但或许安常是福，小巷里的日子仍如往昔一天天打发。走到尽头，竟发现此处原来是珰前街，前路不通，于是便随口问了一位路过的老者。那人用福州话告诉我：回头走，待看到一段石板路面后，走到中段，再朝左拐，从中间穿过去就到了。末了，他还找补了一句，说现在周围在拆迁……

顺着老者的指点，我走过一片残垣断壁，踏着遍地的瓦砾，看到了颇为显眼的"柔远驿"。不过，柔远驿左边的一幢房子外墙已被拆毁，裸露出的内部梁架一览无遗，其中的正梁柱上，依稀可见"福曜常临"的墨迹。在我看来，此一用语雅有古意，似乎昭示着房屋颇有些年头。透过倒塌的围墙，我还看到不远处残存的马鞍墙，这是福州传统建筑的一个特色，与此前时常在徽州见到的那类五岳

柔远驿

朝天式的封火山墙极不相同。

（二）

"琯"原是古代用以测候天气的玉管，唐代诗人杜甫有"吹葭六琯动浮灰"之诗，据说是指将苇膜烧成灰，放在律管内，到某一节气，相应律管内的灰便会自行飞出。在福州，地名中的"琯"字并不少见，一般多用于地名的雅化。琯前街、琯后街中的"琯"，也就是"馆"字之雅化，此二处皆以琉球馆而得名。

琉球馆，正式的名称叫"柔远驿"。明朝成化年间，市舶司自福建泉州移置于福州，设立了附属机构"怀远驿"，后改称"柔远驿"。"柔远"二字，取自《尚书·舜典》中的"柔远能迩"，寓意是怀柔远人，以示朝廷对外邦的安抚。当时，柔远驿设立的地点，在福建省城水部门外的琼河之口。关于这一点，琉球官话课本《白姓官话》中，有一段对话提到：

> 那里有琉球公馆一所，名字叫做柔远驿。船到的时节，把那贡物、行李、官员人等，都进馆安歇。驶船那些人，都在船上看守。府院题本，等圣旨下来，到七八月间，这里差去的官员，收拾上京，到十二月，才会到京，上了表章，进了贡物，还要担［耽］搁两三个月，到来年三月时节，才得起身回福建。等到七八月，只留一位存留通事，跟从几个人，在那里看守馆

驿，其余各官人等，都上接贡船回国。读书、学官话那些人，爱回来不爱回来，这个都随他的便，是不拘的。

《白姓官话》一书是山东登州府商人白世芸漂流至琉球时为通事郑氏所编写的一部富有故事性的会话课本，该书于清乾隆十八年（1753年）经由福州老儒林启升校正而成。

在帆船时代，东海的船舶贸易主要依靠信风。自每年四月迄至十月，中国沿海刮着从西南吹来的信风；而从十一月到翌年三月，则盛行自东北而来的信风。由于纬度和信风的关系，琉球船只漂到中国，以福建沿海特别是福州一带最为合适。当然，除了纬度的关系之外，当时之所以在河口设立驿馆以贮贡物、停使节，与当地同琉球国的天然联系密切相关。

早在洪武二十五年（1392年），明太祖朱元璋鉴于琉球国造船航海业十分落后，难以与大明保持密切的朝贡关系，遂无偿向琉

琉球国久米村的唐营

球援助海舟，并另赐"闽人三十六姓善操舟者，令往来朝贡"，这三十六姓，都是福州水部门外河口一带的居民，他们世代以操舟为业。此后，凡进贡、接贡、请封、迎封、谢恩、报丧、报倭警、庆贺进香、护送中国难民等，皆由三十六姓的后裔——琉球久米村人具体承担。在琉球，久米村闽人后裔之聚居区称为"唐营"，在我想来，可能是因"营"的读音与福州话之"荣"字发音相同，故亦称"唐荣"，此种官话与方言的巧妙转化，意欲彰显作为"唐人"身份的荣光。

弘治十一年（1498年），福建的督舶内臣在河口尾开凿了人工河道——"直渎新港"，藉以直通闽江，使得河口一带经由闽江可以直接汇入东海，进而与浩瀚的海域世界联为一体。此后，"百货随潮船入市"，交通变得异常便捷。及至清代，河口一带仍是琉球商人集中之地，故老相传，当贡舶往来之际，泉货流通，财源充积，河口及新港沿线市肆繁盛，曾为全城之冠。

如今，柔远驿位于台江区琯后街 21 号，为"福州市对外友好关系史馆"。据说，当年的驿馆规模，远比现存的柔远驿建筑大十几倍，驿馆门上挂着"海不扬波"的匾额，门前立有清代地方官府镌刻的保护柔远驿碑。大门对面天后宫后向左右两侧，为土地祠和崇报祠。此外，附近还有一幢十间排的木结构二层楼屋。康熙年间，琉球著名学者程顺则在《河口柔远驿记》中指出："驿设于福建省城水关外琼河之口，所以贮贡物、停使节也。"程顺则据说也是闽人三十六姓的后裔，他在琉球声名显赫，被当地人尊崇为"名护圣人"。在他笔下的"水关外琼河之口"，亦即城东南水部门外的河口地区（今水部太保境）。程顺则曾数度入闽，他的《河口柔远驿记》

一文，收录于其人编纂的《指南广义》中，后者是有关琉球入贡中国的行旅指南，其中详细描摹了自那霸至福州的来往海路程。此外，程顺则还作有一首《琼河发棹》诗：

> 朝天画舫发琼河，
> 北望京华雨露多。
> 从此一帆风送去，
> 扣舷齐唱太平歌。

此处的"琼河"，亦即福州的柔远驿之所在。在清代，不少琉球人都作过类似的太平咏歌，其出发点也都是琼河，诗歌抒发了从柔远驿启程前往北京朝贡的历程，以及彼时彼境心驰阙下、瞻天仰圣的心情。

道光十九年（1839年），前往广州查禁鸦片的福州人林则徐，在自己的日记中写道："正月二十六日，……夜作家书一封（巳字第二号），托琉球馆信局带闽。"这则日记，一般认为是"柔远驿"之俗称的最早记录，换言之，至迟到十九世纪中叶，柔远驿便已有了"琉球馆"的俗称。

（三）

1947年，著名的社会经济史家、福州人傅衣凌教授，曾赴水部河口一带调查琉球通商史迹。其时，有位曾为琉球人看病的名医讲述：晚清琉球贡舶带来的干贝、土木胶、蕲蛇、假肚鱼等商品，均不得自由买卖，必须交由十家球商承办。当时，柔远驿附近建有琉球商会馆，因内祀天上圣母（即湄洲妈祖）而别称为"琼水球商天后宫"。

在清代，虽然曾规定琉球人每两年一贡，但在实际上，因与中国贸易具有厚利可图，琉球人几乎是年年入贡，进贡的人数通常都不少于一百五十人。在进贡的使团中，除了少数贡使之外，绝大多数都是前来贸易的商人和留学生。他们所带来的贡物和商品，被指定堆放在进贡厂内，不得自由买卖。其中，除了一些贡品择期取道北上京师外，其他的则指定由闽人三十六姓后裔在河口开设的十家球商承办。与此同时，福建地方衙门还规定：琉球贡使或商人不得在中国自行采买商品，举凡木材、丝绵、细绢、铁货、瓷器、缎匹、药材、茶叶、漆器、白糖、沉香、锡器、徽墨等，均须由经官府许可的上述十家球商从全国各地代为买办、批发。因此，这十家球商实质上就是中国政府特许的牙行，其性质与广东的十三行极相类似。对此，傅衣凌先生指出："当贸易鼎盛之际，河口商贾云集，一般商人依赖十家球商而生，或代他们前往天津、江苏各产地采运木材、丝货者，颇为不少。"关于丝货贸易，琉球官话课本《学官话》一书的记载颇为生动：

> 老爷的钧谕，着琉球们收买官丝，琉球敢不遵命？那丝带黄色，是不堪用的，价钱又太高，琉球们故不敢买。瞒不得老爷说，我们敝国的法令是重的，若丝买得不好，价钱又买得贵，

回国之日，我们的性命都是难保的。如今没奈何，只得来求老爷，体朝廷柔远之德，把丝换好的，价钱公平些，琉球们才敢买……

《学官话》一书大约成书于清嘉庆二年（1797 年）。在明清时代，由于朝贡贸易双方地位的不平等，历来就存在着强买强卖的弊端。李鼎元于清嘉庆五年（1800 年）充任册封琉球副使出使琉球，他在《使琉球记》中曾指出：前明谢杰（福州长乐人）充当册使时，随从中有他的舅子携带有数百条网巾。等到了琉球，后者才发现当地人无论冬夏都只戴一冠，网巾根本派不上用场。这位舅子只得找谢杰想办法，结果，该钦差大臣为了能将网巾顺利地推销出去，竟公然声称："中国以戴网巾为敬，如册封日有不戴网巾者，以不敬论！"迫于此种淫威，琉球人只得忍气吞声，勉强将之悉数购买，所以当地父老相传，"遇事有以声势强派者，谓之'球人戴网巾'"。由此，我们或许就不难理解上揭对话中的第一句："老爷的钧谕，着琉球们收买官丝。"而在随后的贸易中，琉球人反复挑剔丝货的质量，这当然也不排除是在历来吃尽苦头之后的本能反应——以吹毛求疵寻求压价。

关于在福州的中琉贸易，《学官话》中还有不少记载。例如，琉球人逛书店买书，买武夷茶、松萝茶之类的对话。成书稍早于《学官话》的另一种琉球课本——《官话问答便语》中，亦有类似的逛书店买书，以及钱铺老板与琉球人的对话，其中颇多讨价还价的内容。另外，《广应官话》中的一些对话，人称某某，答曰云云，其内容也都与琉球人在福州的贸易有关。例如，书中的"衣服门"就有如下的对话：

> 这几时天气热了，我同你到布铺去看。
>
> 有上好顶尖的永春夏布，买几疋来，做两件夏布衫穿。
>
> 我看那永春夏布又窄又短，不如买那大田顶尖的夏布，又长又宽，更好那永春的。
>
> 一尺要十二个钱，买几丈来，做件长衫，剩的做件短的，不更好么？
>
> 又要做个汗褡才好。
>
> 做汗褡，要买闽清葛去做才好。
>
> 广葛不更好么？
>
> 广葛太细，做汗褡可惜了，只好做袍子穿。

《广应官话》的编者梁允治，出身于琉球久米村，也是闽人三十六姓的后裔。他在乾隆二十五年（1760年）作为官生赴中国，但不幸在进入国子监后不久就病死于北京，时年仅二十三岁。据日本学者的研究，该书系1760年梁氏离开琉球首府那霸之前编写的。这部书共两卷，分为"天文""时令""地理""宫室"等三十个门类，为一种分类语汇集。上揭对话中提及的"永春""大田"和"闽清"，皆是清代福建省的州县。此外，书中还提到杭州、广东以及外江八丝的缎子，漳州的纱，松江的绫子，等等，这些，也都与中琉的商业贸易密切相关。关于这一点，《广应官话》还指出：

> （中国人：）年年买好多的绸缎布疋回去，你国里都用得

完么？

（琉球人：）国里也要用，也卖别处去的。

（中国人：）卖去的东西，赚得多少银子呢？

（琉球人：）没凭据，看东西贵贱，贵的少赚些，贱的多赚些，总是一两银子，有加四五的利息。

（中国人：）这样看来，也是个好生意了！

"没凭据"，是不一定的意思。在朝贡贸易中，琉球人最早时所贡者仅有硫磺、皮纸，随行商人所携的财货，也不过是其本土所产的海螺和蚌壳。此外，纸扇、烟筒等形制陋劣，档次极低，所以在中国的一些地方，俗语谓厌憎之物，则曰"琉球货"。不过，后来中国自琉球进口的货物亦颇为丰富，竟有金、银、铜、锡各类制品，香料、玛瑙、象牙、硫磺、马刀、药材、磨刀石以及各种海味干货、日用品等。琉球素称"地瘠民贫"，本身并没有多少物产，但她受惠于闽人三十六姓传授的航海技术，贸易范围遍及东亚海域各国，后世竟有"万国津梁"之美誉。在这种背景下，输往中国的一些商品，实际上分别来自日本以及东南亚的暹罗、爪哇、满喇加等地。而从

［日］西川如见辑、山村子明订：《订正四十二国人物图说》（早稻田大学图书馆藏）

中国购买来的商品，也往往是内贩外销，转售至日本、东南亚各国，从中获取了海洋贸易的巨额利润。自十四世纪晚期迄至十九世纪后期，中琉贸易成了东亚海上贸易中最为重要的一环。

（四）

当时，琉球人虽然聚居于太保境一带的柔远驿，但他们在福州可以自由活动。从琉球汉文文献来看，他们在当地登高作赋，临流赋诗，逍遥自在地醉听箫鼓，吟赏烟霞。琉球人常常雇"舸黎船"前往鼓山游玩，赴西禅寺礼佛，到南校场观看绿营操练，与福州朋好饮酒行令、闲谈快饮，……他们中的一些人病死在福州，由于人数众多，在福州上渡的塔仔村等地，甚至有琉球人的集中墓地。关于这一点，晚清琉球人蔡大鼎还专门撰有《闽县塔仔村所有祖墓路程记》等文，详述了自柔远驿前往祖墓祭扫的路程，以及琉球人掩骼埋胔、佳城封窆的具体情形。

明清时期，琉球与中国的文化交流极为频繁。琉球人在福州学习语言、文化以及各种生产技艺，再回国传授给其他的民众。除了商业贸易之外，逗留福州的琉球人，在当地学习历法、绘画、补唇（整形）、音乐、制茶、熬糖等方面的技术，这些在当时颇为先进的技术，对于促进琉球和东亚诸国的社会发展，曾产生过重要的影响。以医学为例，当时前来中国的琉球人在各地广泛请教名医。例如，《琉球百问》一书，就是苏州名医曹仁伯对其海外弟子琉球人吕凤仪所提疑难问题的解答记录。同样，在福州，琉球人也多方请教。日本天保八年（1837年，道光十七年）新镌的《质问本草》，是一册极为详尽的植物图录。作者系琉球人吴继志，他在《质问帖书牍及题跋》中提及——自己将《草木图状》一书，委托琉球贡船送往福州等地，请教当地的"钜儒太医"，希望藉此交流，提升本国对中草药的认识以及中医治疗的水平。《质问本草》一书刊刻于日本的"萨摩府学"，所谓萨摩府也就是现在日本的鹿儿岛，萨摩藩于明万历三十七年（1609年，日本庆长十四年）举兵洗劫了琉球，之后便实际控制了琉球国，从此，琉球便成了中国与日本间接贸易的媒介，也是中国文化传播至日本的重要途径之一。

以琉球为中介传入日本的文化实例相当不少，其中，最为重要的如《六谕衍义》之传入。所谓六谕，源自明太祖洪武三十年（1397年）颁布的教民圣谕四十一条，其中有与大众生活伦理道德关系密切的六条，依次为：孝敬父母、尊敬长上、和睦乡里、教训子孙、各安生理、毋作非为。在此基础上，后世儒生有意识地加入

吴继志（子善）的
《质问本草》

警心启悟的民间故事，并以白话缕析条分，遂逐渐形成《六谕衍义》。康熙末年，琉球著名学者程顺则前来福州，他在获读《六谕衍义》之后慨然景慕，于是自费刻印了数百册，并携归琉球，传看诵习，演绎推广。该书对于儒家思想在琉球社会的传播，起到了重要的作用。其后，萨摩藩主亦闻听此书有益于省心修身、敦本善俗，遂向琉球国王索阅，得书后发现该书以劝善规过、敦亲睦邻为主旨，对于维持民间社会的安定大有助益，故亦大批翻印，推广教读。接着，萨摩藩主岛津吉贵又将《六谕衍义》一书上呈日本天皇和江户幕府，颇获嘉纳。幕府将军德川吉宗深感此书有益世道人心，遂令著名学者室鸠巢和荻生徂徕二人将之译为日文，通令国民诵读。吉宗还拟直接出版汉文版的《六谕衍义》，但因书中杂有俗语，非精通方音者不能通读，故室鸠巢又向吉宗推荐了来自长崎的"华音之名师"——冈岛冠山。此人著有《唐音和解》《唐语便用》《唐译便览》、《唐话纂要》等汉语教科书，是当时最为著名的唐话学者。正是在冈岛冠山等人的协助下，《六谕衍义》得以在日本广为传播，对于以儒学规范民风民俗，起到了潜移默化的作用。直到明治维新以后，《六谕衍义》才被新式的教科书所取代。

除了精神食粮之外，琉球亦是番薯传入日本的中介。番薯原产于墨西哥，于十六世纪中叶由西班牙人带到殖民地吕宋（今菲律宾），并被前往那里的中国商人所发现。当时，正值神州大地饥馑荐臻，朝野上下皆殚精竭虑苦思救灾良策之际，此种块根块茎类作物的发现，很快就受到了世人的关注。于是，商人们纷纷将番薯引入这个饥荒的国度。明万历二十一年（1593 年），福州商人陈振龙自吕宋偷得藤种归闽，在南台纱帽池隙地试栽成功，并于当年由其子陈经纶将番薯呈献给福建巡抚金学曾，经后者以行政命令加以推广，数年之间繁衍极快，深受民众欢迎。后人为了纪念金氏的推广之功，将番薯取名为"金薯"，并在福州乌石山上建有先薯祠，奉祀引进和推广番薯的陈振龙、金学曾诸人。番薯在大明帝国的传播，曾让不少有识之士欢呼雀跃。徐光启就曾作有《甘薯疏序》，为此一新兴作物的推广摇旗呐喊。万历三十三年（1605年），在福州的琉球人亦辗转携薯种归国培植。由于番薯口味甘甜，富有营养，再加上对土壤的适应性极强，具有抵抗水、旱、蝗等自然灾害的能力，故而在长年挣扎于饥饿线上的琉球，得到了极快的推广。清初，此种救荒良种又传入了萨摩藩。享保十七年（1732年，雍正十年），日本全国频年褪歉，物力艰虞，其他地方道堇相望，只有萨摩境内拜番薯之赐而涵濡休养、生齿日繁。在这种背景下，番薯很快又由萨摩藩传遍日本全国，成为凶年饥世中最为重要的粮食来源。在日本，番薯也因此被称作"萨摩芋"。而最早从中国引进薯种加以培植的仪间真常，也被世人尊奉为"琉球五伟人"之一。这些，都反映了在以中琉贸易为中心的大航海时代物种之传播及其所产生的巨大影响。

（五）

在清代，琉球人几乎是年年入贡，他们从福州出发，沿闽江而上，在浙江重新雇船，经衢江、东阳江，沿桐江、富春江和钱塘江至杭州，再由京杭大运河北上。该条进京水陆路程途经中国最为富庶的地区，沿途盛景曾给他们留下深刻的印象，其纪中国之行以及感时抒怀所作的诗文，颇为引人瞩目。因此，他们留下的文集、诗歌、语言教材等，可以成为我们从一个侧面认识中国的重要资料。当然，迄今所见的绝大部分琉球人有关中国纪行的史料，与越南的燕行文献相似（以诗文居多），尚无法与同时代朝鲜人的《朝天录》《燕行录》之学术价值等量齐观，只有官话课本对中国社会的集中描述颇为难能可贵——这也就是我们必须重视琉球官话课本的原因所在。

十数年前，笔者赴日本学术交流，曾于 1997 年初到访过冲绳。曾经的琉球国仍然是古风处处，时有暗合中国传统的物事映入眼帘。

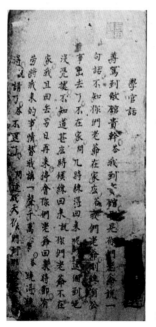

琉球官话课本

此后，对琉球汉籍史料颇为留心，陆续读过不少官话课本。最近，复旦大学出版社出版的《琉球王国汉文文献集成》，其中的"附编"部分收录了绝大多数的琉球官话课本，这是一项嘉惠士林的空前之举，为此后的研究提供了极为丰富的资料。对于这些官话课本，以往的学者多从语言学的角度切入研究（其中，尤以日本学者的研究最为突出），历史学界则基本上未曾关注。其实，琉球官话课本不仅是官话、方言研究的珍贵资料，而且对于清代城市生活史的研究亦具有重要的史料价值。

例如,《琉球官话集》分称呼类、二字官话、三字官话、四字官话、五字官话、北京俗语、琉球国三十六岛、地图和唐荣八景等,每条之下多有假名注音,并有文字解释。如"放屁"条,释作:"胡说,就像屁股放屁。"其中,有不少福州的方言词汇,如做娇(撒娇)、煞尾(最后,结果)、手湾(手腕)、脚湾(脚腕)等。有的还专门注出读音,如"乘"字,其后就注曰:"福建音'兴'。"《琉球官话集》中有"北京俗语"部分,但仅六十三条。由于福州的琉球馆实际上是琉球人学习官话的培训基地,因此,琉球官话可以用以了解清代福州的官话。

明清时期,琉球贡使抵达福州后,先在柔远驿内稍事休整,随后,琉球正副使、都通事、大笔帐等十数人(或多至二十余人)入京进贡,其余随行人员则仍住在琉球馆内,从事买卖或进行文化交流。贡使进贡完毕,自北京返回福州,仍在柔远驿内稍作休整,然后才返归琉球首里王府。换言之,绝大多数琉球人都在福州生活、读书、经商,因此,在琉球官话课本中,也就有了不少观风问俗的内容。

琉球官话课本列风绘俗,对福州的日常生活作了相当广泛的描摹,举凡岁时风俗、民间信仰、衣食住行、休闲娱乐等诸多侧面皆有记录。例如,福州一年四季比较分明,民间对于岁时节庆颇为重视,元宵观灯、立春迎春、上巳禊饮、端午竞渡、七夕乞巧、中元鬼节、中秋燃灯、重阳登高、冬至搓丸、腊月祭灶、除夜团年,这些,在官话课本中多有反映。在诸多节俗中,琉球人对端午节的描述最为细致。关于这一点,《学官话》记载:五月初五日是端午节,又叫端阳节、天中节、做蒲节或做艾节，"这一节，最热闹的，个个家里，都买糯米裹粽子，打烧酒来泡雄黄吃。各人家门口，插些菖蒲艾，那小孩子，到半上午，都到江边去，看人家斗龙船，好玩不过的"。对于端午，《官话问答便语》的介绍更为详尽，其中提及，自五月初一至初五，"那些看龙舟的，各带酒肴，雇只小船，撑在江中，船头上竖着锦标，给那些爬龙舟的抢"，"看的人多得狠，也有男人去看，也有妇人去看，有钱的雇船，无钱的站在岸边，或站在桥上，数不清的。那些曲蹄婆，头发梳得光光，簪花首饰带起，脸上把粉擦得白白，耳边挂着耳坠，手中带着手镯、戒指，身上穿着两件新鲜衣裙，拿着竹篙，立在船头，撑来撑去，都在那里摆浪，真真闹热得紧"。直到二十世纪七八十年代，端午仍是福州最为隆重的节日之一，当地故老迄今还津津乐道于从前"大桥头看爬龙船"，以及龙舟竞渡时所见到的"科题婆"（亦即此处的"曲蹄婆"），这与琉球官话课本的描述颇相吻合。曲蹄，在官话课本中亦写作"舸黎"，是福州民间对水上居民（蛋民）的俗称，这些人因长年舟居，上限于篷，下囿于舱，日常起居大都蹲踞而行，曲膝盘坐，腿部难得伸直，久而久之，便形成为脚趾分开、腿部弯曲不直的姿态，所以岸上居民形象地称之为"曲蹄"。不言而喻，此一名称带有浓厚的歧视色彩。上揭《官话问答便语》中的"摆浪"一词，原抄本天头注曰："摆浪，在浪上摇来摆去，亦招引玩耍之意。"清代福州的蛋妇因生活所迫，多有操皮肉生意者，故此处的"摆浪"一词，显系一语双关。

揆势衡情，官话课本之所以特别关注端午节，与竞渡习俗在琉球的传播密切相关。据清人周煌编纂的《琉球国志略》记载：在琉球，五月五日竞渡，那霸、久米村等地各有龙舟，吃角黍、喝蒲酒以及拜节的习俗，均与中国相同。晚清时期滞留福州的琉球人蔡大鼎，曾有"开樽纵亦倾蒲酒，竟夕何堪忆故园"的诗句，从中可见，异乡的风俗让他触景成吟，慕想不置，亦引发了其人无限的乡愁。关于端午竞渡，《琉球官话集》"三字官话"中，有"看龙舟""爬龙舟"和"划龙舡"三词，其中，第一、第三个词是官话，第二个则源自福州的方言。在福州方言中，"爬"字也就是划的意思。据琉球文献《琉球国由来记》卷9《唐荣旧记》的说法：爬龙舟之俗，源自明洪武赐闽人三十六姓。

（六）

明清时期，不少琉球人长年在福州生活、学习，朝起暮息，耳濡目染，对于异域风土有着较为深入的了解。从官话课本反映的内容来看，琉球人以琉球馆为中心，生动地描绘了福州城市的社会生活，其中涉及的诸多侧面，可以从一个独特的角度了解清代中小城市民众的日常生活。他山借助，获益良多，就琉球人对一个特定城市的描摹，以及对庶民社会的细致观察来看，同时代的朝鲜、越南使者在燕行途中走马观花式的记录，显然皆难以望其项背。

需要特别指出的是，琉球官话课本不仅记录了城市生活中光鲜的一面，而且，还对诸多的社会问题亦有较为深入的揭示。从中可

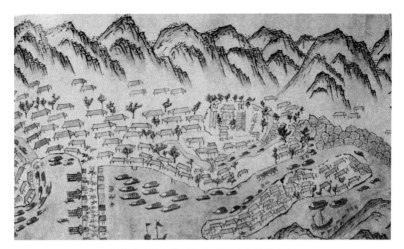

清代琉球画家笔下的柔远驿及闽江沿岸山水

见，乡曲升斗结怨，间阎鹅鸭之争，店肆地棍索诈，街坊酒徒骂詈，市井风情可谓无态不作。官话课本还收录了不少方音土谚，其中甚至有不少极为粗俗的俚歌村唱，这反映出琉球人在练习中国官话的同时，也学了不少榕城的市语街谈，这使得他们对语言的掌握，能够深入到精细入微的方言层次。其间，亦颇多谑言妙语。如"蛮子学京样，学死也不像"，这是说乡下人学京师穿衣戴帽，才赶得上，它又变了。"扬眉杭头苏州脚"，则反映了福州人追逐扬州、杭州和苏州等江南各地的时尚。此外，官话课本还屡次提及"契兄契弟"的习俗，如在《广应官话》中就详细指出：

　　兔子，北京的话；契弟，福建的话；男风的人，好男色也；好南风的，仝上。

这实际上涉及明清时代影响整个中国乃至东亚世界社会时尚的一种畸俗，对此，《学官话》就记录了一大段中国人与琉球人的对话，其中的两位主角虽然都是男子，但彼此之间的絮聒却言挑语弄吃酸捻醋，乍看之下，犹如灯前说誓月下盟心，充溢着你恋颜色我贪香的相互调情。此一肉麻的对话，无疑反映的是男性同性恋的畸俗——福州的"契兄契弟"。

关于契兄契弟，明人沈德符在《万历野获编》中曾记载："闽人酷重男色，无论贵贱妍媸，各以其类相结：长者为契兄，少者为契弟。……闻其事肇于海寇，云大海中禁妇人在师中，有之辄遭覆溺，故以男宠代之。"揆情度理，契兄、契弟原本是拟制的亲属，为契约下正常的人际关系，曾几何时，却在海上贸易的背景下发生了逆转乃至变态。由于这种逆转和变态，出现了所谓"境遇性的同性恋"或"偶发性同性恋"。不过，这对于个人而言虽然是"境遇性"或"偶发性"的，但在持续不断的海外贸易的背景下，此种风气一旦长期并广泛地盛行，就会恶性循环，很容易积非成是，积淀而为某一区域社会之顽固的畸俗。根据清代里人何求所撰的乡土小说《闽都别记》之记载，福州当地有位阿凡提式的人物叫郑堂，民间在传扬其人扶危济困、机智诙谐的同时，却也津津乐道于他的男风之好，而且完全不以为耻。

此种"契兄契弟"之风，甚至还影响到了日本。江户时代中国漂流船史料中，有一部颇为著名的《得泰船笔语》，其中就有下列的一段对话：

（日本儒官）秋岳云：闻及汉土断袖之癖，古今成风，甚者其爱过于妇人，未知古今孰盛孰衰？

（中国商人）柳桥云：我邦京师及宦游远客，不能携带妇女者，往往以龙阳为消遣。闽省地方人人皆好，过于女子，故谚有"契兄契弟"之说。

柳桥即朱翊平，为浙江平湖人，他所说的"闽省地方人人皆好"未免言过其实。不过，此种"契兄契弟"的习俗，甚至也被写入日本的汉文小说。譬如，前文提及的唐话学者冈岛冠山，因与来航长崎的唐船商人过从甚密，故对福州方言是烂熟于心，他曾撰有《孙八救人得福》一文，这篇收录于《唐话纂要》卷6的白话小说讲的是——长崎人孙八，营救了一位被地痞困窘的美少年三木龟松。对此，龟松之父三木治平感恩戴德，他让儿子以身相许，与孙八"契为兄弟""同帐而睡"。小说末了写道："此其佳会，令人钦羡不已。好事先生有诗为证：有缘千里忽相逢，义重情深为一双，今夜帐中谈喜处，五更残月照纱窗。自此龟松与孙八情意投合，义气沉重，或花或月，或愁或喜，无不共之，而传为京中奇谈。"文中的那首诗极其暧昧，锦帐一宵春意满，月射纱窗，灯灭银缸，通常是才子佳人同赴高唐的意象，个中的奇情艳态，可谓勃勃如生。事实上，"契兄契弟"如今看来虽属畸俗，但在明清时代，却被东亚各国视作中土盛行的风流韵事。琉球官话课本中柔情费尽的那段对话，与此处日本汉文小说中锦帐春深的描摹，其实都反映了传统时代福州特殊的一种畸俗，所指者均为男性同性恋的风俗。

（七）

在明清时代，琉球馆不仅与福州城市的繁荣、发展息息相关，而且，它将福州与整个东亚海域世界紧密地联系在一起。近年来，随着海峡两岸关系的缓和，福州由1949年后的福建"前线"一变而为"海西"重镇，城市景观变化迅速，少年时代所熟悉的那些地标一个个被抹去，让我这个返乡的游子，走在福州街头常有百变沧桑之感……

俗称"琉球馆"的柔远驿，以及毗邻的琉球会馆，是反映明清时代中琉通商史迹与友好交往的重要建筑物。这些遗迹，在1944年福州第二次沦陷期间被破坏殆尽。1992年，当地文化部门根据历史记载重修了柔远驿，并将之辟为对外友好关系史馆。修复的柔远驿建筑面积六百多平方米，门前立有福州市人民政府颁布的文物保护碑和"中日友好万古长青"的纪念碑。最近十多年，我曾数度参访琉球馆及其周边的太保境。在城市日新月异的今天，琉球馆的展览显得异常简单，十几年来几乎没有任何变化，不仅完全没有吸收近年来中外学术界的相关研究成果，甚至连一些常见的必备资料书都未见踪影。在我想来，明清时代甚至直到改革开放之前，福州素以"滨海邹鲁"自居，曾经的物华天宝人杰地灵，留存下众多的文化遗迹。如今，随着经济的发展，鸠构新巢，花月繁华，昔日文化的辉煌似乎早已远去。历史好像只有好事的学者才去关心，其他人则忙于生计，大概无所谓历史究竟是什么了。

在传统时代，琉球馆与周遭的民居环境原本有着密切的关系。傅衣凌先生在调查福州琉球通商史迹时，抄录过清同治十二年（1873年）的一份碑刻，其中提及福州南台海防分府曾出示，严禁柔远驿"附近居民、闲杂人等擅进骚扰"。关于这一点，《学官话》亦提及："目下有许多闲杂人等，天天来馆内罗唆"，当时，附近民人有的放马进馆，打破馆内水缸、墙壁，顽劣的小孩进馆偷东西，抛砖丢瓦，辱骂琉球人。对此，官府虽然三令五申，但仍无济于事，琉球馆存留不胜其烦，就去求"老爷，发一张告示，挂在馆门口，使他们不敢进去罗唆"。当然，大部分时间，琉球人与周遭居民的相处尚属融洽，他们似乎也偶尔参与所在社区的活动。对此，《官话问答便语》中有一段对话：

今日太保庙做戏。

为什么做戏？

土地、大王生日庆贺的。

那土地、大王是甚么神明？

各地方皆有土地所管，各境社皆有大王所司——这是里域的土主，譬如阴间地方官是也。

福州的社神称为大王，对此，近代翻译家、福州人林琴南曾指出："闽人称社公恒曰大王。"在福州、泉州和台湾的一些地方，自元明以来社亦称为境，迄至今日，琉球馆附近仍有一处"古迹太保境"，两侧的对联曰："神恩普济祈福荫乡梓，威镇合境驱邪佑康宁。"古迹"二字显系今人所加，因为福州人崇尚古迹，某处庙宇一旦被封作"古迹"，就不属于"封建迷信"之列，政府或其他人便不敢再来找麻烦。在传统时代，社、境作为民众自发形成的生活空间，是以共同信仰和祭祀为特征的地缘性民间组织。人们以社、境为单位迎神赛会，祭祀演戏。

数年前的一个中秋夜，我曾前往太保境一带调查，但见境庙前搭台演戏，人头攒动。据说，当晚演出的是闽剧《乌凤公主》，台下的看客以老年人居多，年轻人和小孩极少。上演的《乌凤公主》，是太保境居民醵钱聘请的一出还愿戏。对于此类戏剧的套路，琉球官话课本亦曾提及：

> ……所做的戏文，都是古时人故事。或先贫贱而后富贵者，或始分别而终团圆者。其中荣华苦楚，患难死生，总不出"悲欢离合"四字。那些忠臣义士，大半都是外与正生做的。仗义好汉，大半都是净与末做的。利己害人，大半都是丑做的。风情月意，大半都是生旦做的。所唱的戏，好人自有好报，恶人自有恶报。好人虽眼前颠倒，到后来定有好处。恶人虽先头轻狂，到尾终无结果。做那些戏，都是劝世之意。愚鲁人看，只道好听好看就是。那聪明人看，细思内中，自有理会。

戏剧小天地，人生大舞台，从上揭的对话中可以看出，琉球人阅沧桑于眼底，对于旧来窠臼了然于心。知穷通，辨贞奸，补救世道人心，一向是传统戏剧的主旋律，此种主旨，也与《六谕衍义》一样，受到了琉球人的激赏。早在明代，福州的戏曲即已传入琉球，

"琉球国居常所演戏文，则闽子弟为多"。清康熙五十八年（1719
年），福州人陈利州随从敕封琉球国王的副使徐葆光，前往那霸传授
琴曲。揆诸实际，福州旧日戏剧文化的发达，与频繁的迎神赛会密
不可分。换言之，戏剧原本是与民间的信仰活动联系在一起，传统
的乡里组织一旦瓦解，凄音促节的古戏剧亦便成了无源之水，覆巢
遗卵，消亡指日可待……

（八）

如今，我站在柔远驿前，环顾四周，遍地的瓦砾和颓垣败壁，

琉球馆周遭的
残垣断壁（摄
于 2013 年 9
月 29 日）

让人不禁想到——用不了多久，琉球馆不过是水泥森林中孤零零的一个并不精致的展览馆，只是众多高堂华厦环伺下一座不算太旧的建筑而已。抽梁换栋，汰旧更新，一切皆不可回逆，仿佛被人活生生地从历史语境和社会环境中剥离出来，就像我每次看到柔远驿门前竖立的那块万古长青碑，心中总有一种难以名状的感觉。在我想来，与周遭环境完全无关的琉球馆之于当代福州城，大概就像"寻访海国文明"参会期间收到的一件纪念品——闽南古船模，从型制上看与真船颇有几分相似，但远离了西太平洋的信风吹拂，凝固的船身已载不动历史的积淀……

　　柔远驿，远了。

　　　　　　（原以《琉球馆》和《柔远驿》为题，分别刊于《上海书评》

　　　　　　2013 年 10 月 27 日、11 月 3 日）

图书在版编目(CIP)数据

从黄山白岳到东亚海域:明清江南文化与域外世界/
王振忠著. —上海:上海人民出版社,2021
(论衡)
ISBN 978 - 7 - 208 - 16897 - 8

Ⅰ. ①从… Ⅱ. ①王… Ⅲ. ①文化史-研究-华东地
区-明清时代 Ⅳ. ①K295

中国版本图书馆 CIP 数据核字(2021)第 039584 号

责任编辑 马瑞瑞 杨 清
封扉设计 人马艺术设计·储平

论衡
从黄山白岳到东亚海域
——明清江南文化与域外世界
王振忠 著

出	版	上海人 A 出版社
		(200001 上海福建中路 193 号)
发	行	上海人民出版社发行中心
印	刷	常熟市新骅印刷有限公司
开	本	890×1240 1/32
印	张	9.25
插	页	9
字	数	201,000
版	次	2021 年 3 月第 1 版
印	次	2021 年 3 月第 1 次印刷
		ISBN 978 - 7 - 208 - 16897 - 8/K·3040
定	价	68.00 元